中·华·冰·雪·文·化·图·典

民国时期的冰雪文化

张小军　杨宇菲　著

学苑出版社

图书在版编目（CIP）数据

民国时期的冰雪文化/张小军，杨宇菲著.—北京：学苑出版社，2024.1
（中华冰雪文化图典/张小军主编）
ISBN 978-7-5077-6451-2

Ⅰ.①民… Ⅱ.①张…②杨… Ⅲ.①冰—文化史—中国—民国—图集②雪—文化史—中国—民国—图集 Ⅳ.① G122-64

中国版本图书馆 CIP 数据核字（2022）第 120866 号

出 版 人：洪文雄
责任编辑：杨 雷 张敏娜
编 辑：李熙辰 李欣霖
出版发行：学苑出版社
社 址：北京市丰台区南方庄 2 号院 1 号楼
邮政编码：100079
网 址：www.book001.com
电子邮箱：xueyuanpress@163.com
联系电话：010-67601101（营销部）、010-67603091（总编室）
印 刷 厂：中煤（北京）印务有限公司
开本尺寸：889 mm×1194 mm 1/16
印 张：12.5
字 数：163 千字
版 次：2024 年 1 月第 1 版
印 次：2024 年 1 月第 1 次印刷
定 价：98.00 元

《中华冰雪文化图典》编委会

主　编： 张小军　洪文雄

副主编： 方　征　雷建军

编　委：（按姓氏笔画排序）

王卫东　王建民　王建新　王铁男　扎西尼玛
方　征　白　兰　吕　植　任昳霏　任德山
李作泰　李　祥　杨宇菲　杨福泉　吴雨初
张小军　单兆鉴　居·扎西桑俄　　洪文雄
洛桑·灵智多杰　高煜芳　郭　净　郭　磊
萧泳红　章忠云　梁君健　董江天　雷建军
潘守永

人类的冰雪纪年与文化之道（代序）

人类在漫长的地球演化史上一直与冰雪世界为伍，创造了灿烂的冰雪文化。在新仙女木时期（Younger Dryas）结束的1.15万年前，气候明显回暖，欧亚大陆北方人口在东西方向和南北方向形成较大规模的迁徙。从地质年代上，可以说1.1万年前的全新世（Holocene）开启了一个气候较暖的冰雪纪年。然而，随着工业革命以来人类对自然环境的破坏，"人类世（The Anthropocene）"概念惨然出现，带来了又一个新的冰雪纪年——气候急剧变暖、冰雪世界面临崩陷。人类世的冰雪纪年与人类活动密切相关，英国科学家通过调查北极地区海冰融化的过程，预测北极海冰可能面临比以前想象更严峻的损失，最早在2035年将迎来无冰之夏。197个国家于2015年通过了《巴黎协定》，目标是将21世纪全球气温升幅限制在2℃以内。冰雪世界退化是人类的巨大灾难，包括大片土地和城市被淹没，瘟疫、污染等灾害大量出现，粮食危机和土壤退化带来生灵涂炭。因此，维护世界的冰雪生态，保护人类的冰雪家园，正在成为全世界的共识。

中华大地拥有世界上最为丰富的冰雪地理形态分布，中华冰雪文化承载了几千年来博大精深的优秀传统文化，蕴含着人类冰雪文化基因图谱。在人类辉煌的冰雪文明中，中华冰雪文化是生态和谐的典范。文化生态文明的核心价值是人类与自然之间的文化多样性共生、文化尊重与包容。探讨中华冰雪文化的思想精髓和人文精神，乃是冰雪文化研究的宗旨与追求。《中华冰雪文化图典》是第一次系统研究中华冰雪文化的成果，分为中华冰雪历史文化、雪域生态文化和冰雪动植物文化三个主题共15本著作。

一

中华冰雪历史文化包括古代北方的冰雪文化、明清时期的冰雪文化、民国时期的冰雪文化、冰雪体育文化和中华冰雪诗画。

古代北方冰雪文化的有据可考时在旧石器时代晚期到新石器时代前期。在贝加尔湖到阿尔泰山的欧亚大陆地区，曾发现多处描绘冰雪狩猎的岩画。在青藏地区以及长白山和松花江流域等东北亚地区，也发现了许多这个时期表现自然崇拜和动植物生产的岩画。考古学家曾在阿勒泰市发现了一幅约1万年前的滑雪岩画，表明阿勒泰地区是古代欧亚大陆冰雪文化的重要起源地之一。关于古代冰雪狩猎文化，《山海经·海内经》早有记载，且见于《史记》《三国志》《北史》《通典》《隋书》《元一统志》等许多古籍。古代游牧冰雪文化在新疆的阿尔泰山、天山、喀喇昆仑山三大山脉和准噶尔、塔里木两大盆地尤为灿烂。丰富的冰雪融水和山地植被垂直带形成了可供四季游牧的山地牧场，孕育了包括喀什、和田、楼兰、龟兹等20多个绿洲。古代冰雪文化特有的地缘文明还形成了丝绸之路和多民族交流的东西和南北通道。

明清时期冰雪文化的特点之一是国家的冰雪文化活动，特别是宫廷冰嬉，逐渐发展为国家盛典。乾隆曾作《后哨鹿赋》，认为冰嬉、哨鹿和庆隆舞三者"皆国家旧俗遗风，可以垂示万世"。冰嬉规制进入"礼典"则说明其在礼乐制度中占有重要位置。乾隆还专为冰嬉盛典创作了《御制冰嬉赋》，将冰嬉归为"国俗大观"，命宫廷画师将冰嬉盛典绘成《冰嬉图》长卷。面对康乾盛世后期的帝国衰落，如何应对西方冲击，重振国运，成为国俗运动的动力。然而，随着国运日衰，冰嬉盛典终在光绪年间寿终正寝，飞驰的冰刀最终无法挽救停滞的帝国。

民国时期的冰雪文化发生在中国社会的巨大转型之下，尤其体现在近代民族主义、大众文化、妇女解放和日常生活之中。一些文章中透出滑冰乃"国俗""国粹"之民族优越感，另一类滑冰的民族主义叙事便是"为国溜冰！溜冰抗日！"使我们看到冰雪文化成为一种建构民族国家的文化元素。与之不同，在大众文化领域，则是东西方文化非冲突的互融。如北平的冰上化装舞会等冰雪文化作为一种日常生活的文化实践，在东方与西方、传统与现代、精英与百姓、国家与民众的文化并接过程中扮演了重要的角色，形成了中西交融、雅俗共赏、官民同享的文化转型特点。

近代中国社会经历了殖民之痛，一直寻求着现代化的立国之路。新文化运动后，舶来的"体育"概念携带着现代性思想开始广泛进入学校。当时清华大学、燕京大学、南开大学等均成立了冰球队，并在与外国球队比赛中取得不俗战绩。1949年新中国成立后，"发展体育运动，增强人民体质"成为"人民体育"发展的基本原则，广泛推动了工人、农民和解放军的冰雪体育，为日后中国逐渐跻身冰雪体育强国奠定了基础。

中华冰雪诗画是一道独特的风景线。早在新石器和夏商周时代，已经有了珍贵的冰雪岩画。唐宋诗画中诗雪画雪者很多，唐代王维的《雪中芭蕉图》是绘画史上的千古之争，北宋范宽善画雪景，世称其"画山画骨更画魂"。国家兴衰牵动许多诗画家的艺术情怀，如李白的《北风行》写出了一位思念赴长城救边丈夫的妇人心情："……箭空在，人今战死不复回。不忍见此物，焚之已成灰。黄河捧土尚可塞，北风雨雪恨难裁。"表达了千万个为国上战场的将士家庭，即便能够用黄土填塞黄河，也无法平息心中交织的恨与爱。

二

雪域生态文化包括冰雪民族文化、青藏高原山水文化、卡瓦格博雪山与珠穆朗玛峰。

中华大地上有着世界之巅珠穆朗玛峰和别具冰雪文化生态特点的青藏雪域高原；有着西北阿尔泰、天山山脉和祁连山脉；有着壮阔的内蒙古草原和富饶的黑山白水与华北平原；有着西南横断山脉。雪域各族人民在广袤的冰雪地理区域中，创造了不同生态位下各冰雪民族在生产、生活和娱乐节庆等方面的冰雪文化，如《格萨尔》史诗生动描述的青稞与人、社会以及多物种关系的文化生命体，呼唤出"大地人（autochthony）"的宇宙观。

青藏高原的山水文化浩瀚绵延，在藏人的想象中，青藏高原的形状像一片菩提树叶，叶脉是喜马拉雅、冈底斯、唐古拉、巴颜喀拉、昆仑、喀喇昆仑和祁连等连绵起伏的山脉，而遍布各地的大大小小的雪山和湖泊，恰似叶片上晶莹剔透的露珠，在阳光的照耀下熠熠生辉。青藏高原上物种丰富的生态多样性体现出它们的"文化自由"。人类学家卡斯特罗（E. de Castro）曾提出"多元自然论（multinaturalism）"，反思自然与文化的二元对立，强调多物种在文化或精神上的一致性，正是青藏高原冰雪文化体系的写照。

卡瓦格博雪山（梅里雪山）最令世人瞩目的是其从中心直到村落的神山体系。如位于卡瓦格博雪峰西南方深山峡谷中的德钦县雨崩村，是卡瓦格博地域的腹心地带，有区域神山3座，地域神山8座，村落神山15座。卡瓦格博与西藏和青海山神之间还借血缘和姻缘纽带结成神山联盟，既是宗教的精神共同体，也是人群的地域文化共同体。如此无山不神的神山体系，不仅是宇宙观，也是价值观、生活观，是雪域高原人类的文明杰作。

珠穆朗玛峰白雪皑皑的冰川景观，距今仅有一百多万年的历史。然而，近半个世纪来，随着全球变暖，冰川的强烈消融向人类敲响了警钟。从康熙年间（1708—1718）编成《皇舆全览图》到珠峰出现在中国版图上，反映出中西方相遇下的帝国转型和主权意识萌芽。从西方各国的珠峰探险，到英国民族主义的宣泄空间，再到清王朝与新中国领土主权与尊严的载体，珠峰"参与"了三百年来人与自然、科技与多元文化的碰撞，成为世人瞩目的人类冰雪文化的历史表征。今天，世界屋脊的自然生态和文化生态保护形势异常严峻，拉图尔（B. Latour）曾经这样回答"人类世"的生态难题：重新联结人类与土地的亲密关系，倾听大地神圣的气息，向自然万物请教"生态正义（eco-justice）"，恭敬地回到生物链上人类应有的位置，并谦卑地辅助地球资源的循环再生。

三

冰雪动植物文化包括青藏高原的植物、猛兽以及牦牛、藏獒、猎鹰与驯鹿。

青藏高原的植物充满了神圣性与神话色彩。如佛经中常说到睡莲，白色睡莲象征慈悲与和平，黄色睡莲象征财富，红色睡莲代表威权，蓝色睡莲代表力量。青藏高原共有维管植物1万多种，有菩提树、藏红花、雪莲花、格桑花等国家一级保护植物和珍贵植物品种。然而随着环境的恶化和滥采乱挖，高原的植物生态受到严重威胁，令人思考罗安清（A. Tsing）在《末日松茸》中提出的一个严峻问题：面对"人类世"，人类如何"不发展"？如何与多物种共生？

在青藏高原的野生动物中，虎和豺被世界自然保护联盟列为等级"濒危"的物种，雪豹、豹、云豹和黑熊被列为"易危"物种。在"文革"期间及其之后的数十年中，高原猛兽一度遭到大肆捕杀。《可可西里》就讲述了巡山队员为保护藏羚羊与盗猎分子殊死战斗的故事，先后获得第17届东京国际电影节评委会大奖以及金马奖和金像奖，反映出人们保护人类冰雪动物家园的共同心向。

大约在距今200万年的上新世后半期到更新世，原始野牦牛已经出现。而在7300年前，野牦牛被驯化成家畜牦牛，成为人类生产、生活的重要伙伴。《山海经·北山经》有汉文关于牦牛最早的记载。牦牛的神圣性体现在神话传说中，如著名的雅拉香波山神、冈底斯山神等化身为白牦牛的说法；中华民族的母亲河长江，藏语即为"母牦牛河"。

青海藏南亚区位于青藏高原东南部边缘，地形复杂，多南北向深切河谷，植被垂直变化明显，几百种鸟类分布于此。特别在横断山脉及其附近高山区，存在部分喜马拉雅—横断山区型的鸟类，如雉鹑、血雉、白马鸡、棕草鹛、藏鸦等。1963年，中国科学院西北高原生物研究所科考队在玉树地区首次采集到两号藏鸦标本。目前，神鸟藏鸦的民间保护已经成为高原鸟类保护的一个典范。

在欧亚草原游牧生活中，猎鹰不仅是捕猎工具，更是人类情感的知心圣友。哈萨克族民间信仰中的"鹰舞"就是一种巴克斯（巫师）通鹰神的形式。哈萨克族人民的观念当中，鹰不能当作等价交换的物品，其价值是用亲情和友情来衡量的。猎鹰文化浸润在哈萨克族、柯尔克孜族牧民的生活中，无论是巴塔（祈祷）祝福词，还是婚礼仪式，以及给孩子起名，或欢歌乐舞中，都有猎鹰的影子。

驯鹿是泰加林中的生灵，"使鹿鄂温克"在呼伦贝尔草原生存的时间已有数百年。目前，北极驯鹿因气候变暖而大量死亡，我国的驯鹿文化也因为各种环境和人为原因而趋于消失，成为一种商业化下的旅游展演。费孝通的"文化自觉"，正是对禁猎后的鄂伦春人如何既保护民族文化又寻求生存发展所提出的："文化自觉"表达了世界各地多种文化接触中引起的人类心态之求。"人类发展到现在已开始要知道我们各民族的文化是哪里来的？怎样形成的？它的实质是什么？它将把人类带到哪里去？"

相信费孝通的这一世纪发问，也是对人类世的冰雪纪年"怎样形成？实质是什么？将把人类带向哪里？"的发问，是对人类冰雪文化"如何得到保护？多物种雪域生命体系如何可持续生存？"的发问，更是对人类良知与人性的世纪拷问！

《中华冰雪文化图典》丛书定位于具有学术性、思想性的冰雪文化普及读物，尝试展现中华优秀传统冰雪文化和冰雪文明的丰厚内涵，让"中华冰雪文化"成为人类文化交流互通的使者，将文明对话的和平氛围带给世界。以文化多样性、文化共生等人类发展理念促进人类和平相处、平等协商，共同建立美好的人类冰雪家园。

本丛书由清华大学社会科学学院人类学与民族学研究中心组织的"中华冰雪文化研究团队"完成。为迎接2022年北京冬季奥运会，2021年底已先期出版了精编版四卷本《中华冰雪文化图典》和中英文版两卷本《中华冰雪运动文化图典》。本丛书前期得到北京市社科规划办、清华大学人文振兴基金的支持，谨在此表示衷心的感谢！并特别向辛勤付出的"中华冰雪文化研究团队"全体同人、学苑出版社的编辑人员表示深深的谢意！感谢大家共同为中华冰雪文化研究做出的努力和贡献！

张小军

于清华园

2023年10月

前 言

民国时期是中国社会转型的重要时期，伴随着国家兴亡的急剧时代变迁和国运之争。如何从"文化"的"慢变量"视角来理解中国社会的深层次转变？在中国近代社会结构转型的过程中，冰雪文化作为一种文化实践，在传统与现代、东方与西方、国家与民众的文化交融与并接的过程中扮演了重要的角色。本书通过民国时期北平、天津冰雪文化之一瞥，从日常生活、大众文化、民族主义、社会性别等不同视角，理解中国冰雪文化的社会内涵。

民国时期的冰雪文化，在社会转型中凸显出其"共融"作用。无论是在大众文化、民族主义建构，还是在社会性别议题上，冰雪文化都参与到新旧文化、东西方文化的并接之中。我们在冰雪文化中可以看到各种文化交织，各种主体共存，挑战原有的等级秩序，消融东西方文化、传统与现代、国家与民众之间界限和张力。不同的文化在这里碰撞、交融，冰雪文化成为社会转型的过渡仪式，伴随着新的社会秩序生成。

感谢北京市社科基金、清华大学文科振兴基金的资助，让民国冰雪文化的探寻之旅得以顺利完成，并在《清华大学学报》、《中央民族大学学报》等学刊发表了四篇相关学术论文[1]。我们还要感谢萧淑芳的

---

[1] 张小军，杨宇菲：《近代冰雪文化的民族主义与日常叙事》，《湖北民族大学学报（哲学社会科学版）》2021年第5期；张小军，杨宇菲：《民国时期日常生活的冰雪文化与社会转型》，《原生态民族文化学刊》2021年第5期；杨宇菲，张小军：《文化共融：中国近代冰雪大众文化与社会转型》，《清华大学学报（哲学社会科学版）》2021年第6期；杨宇菲，张小军：《自我的它/他/她性：近代冰雪文化与女性"现代性"》，《中央民族大学学报（哲学社会科学版）》2021年第6期

外孙女吴宁女士慷慨分享珍贵照片，让我们得以感受民国溜冰女性的魅力。感谢郭磊提供自己的报刊发表和照片资料，以及体育收藏家李祥不吝贡献珍藏的图文资料，让我们得以体会民国冰雪文化的丰富面向。

张小军　杨宇菲

2021 年 10 月 30 日

目 录

第一章　民国时期的冰雪文化与社会转型　　001

　　第一节　西风东渐中的冰雪体育　　001

　　第二节　雅俗共赏的日常冰雪文化　　017

第二章　民国时期冰雪大众文化　　049

　　第一节　无问西东：西风东渐的文化具身性　　053

　　第二节　传统的现代：冰场内外的情性释放　　072

　　第三节　国民大众：共主体的国家话语　　085

第三章　民国冰雪文化的民族主义与日常叙事　　099

　　第一节　冰雪文化中的民族主义思潮　　099

　　第二节　冰雪文化中的民族主义意义生产　　108

　　第三节　冰雪文化中的民族主义象征资本再生产　　121

　　第四节　冰雪文化的市场化政治　　131

第四章　民国冰雪文化与女性现代性的塑造　　138

第一节　冰雪文化与妇女解放　　138
第二节　民族主义的"它性"自我　　152
第三节　妇女解放下的"他性"自我　　160
第四节　新女性的"她性"自我　　170

第一章
民国时期的冰雪文化与社会转型

第一节 西风东渐中的冰雪体育

1840年鸦片战争以后，西方体育运动随着西方列强入侵进入中国。晚清到民国时期，中国社会寻求着现代化的立国之路。新文化运动后，体育的内涵进一步丰富，侧重于健康和教育。关于西方体育运动传入中国的历史原因，国内学界提出了被动的文化冲击论、主动的救亡图存需求论等解释。西方体育文化在西方列强强势文化的冲击下，在本土社会精英对自身文化不自信和自戕的共同作用下，通过传教、殖民、洋务运动和资产阶级改良主义者的积极引入，借助于留学等形式传入我国。[1] 有学者认为：在体育传入初期，一般人会以为"体育就是体操"，后留日学生从日本带来了"体育"这一术语，逐渐出现"体育就是运动""体育就是游戏"等观念。[2] 被动传入与主动接受

---

[1] 吴文峰、刚伟、王鑫：《文化势阱：清末我国体育发展的文化审读》，《中华文化论坛》2014年第2期。

[2] 张伟、蔡学俊：《析近代中国体育概念的形成与发展》，《南京体育学院学报》（社会科学版）2007年第1期。

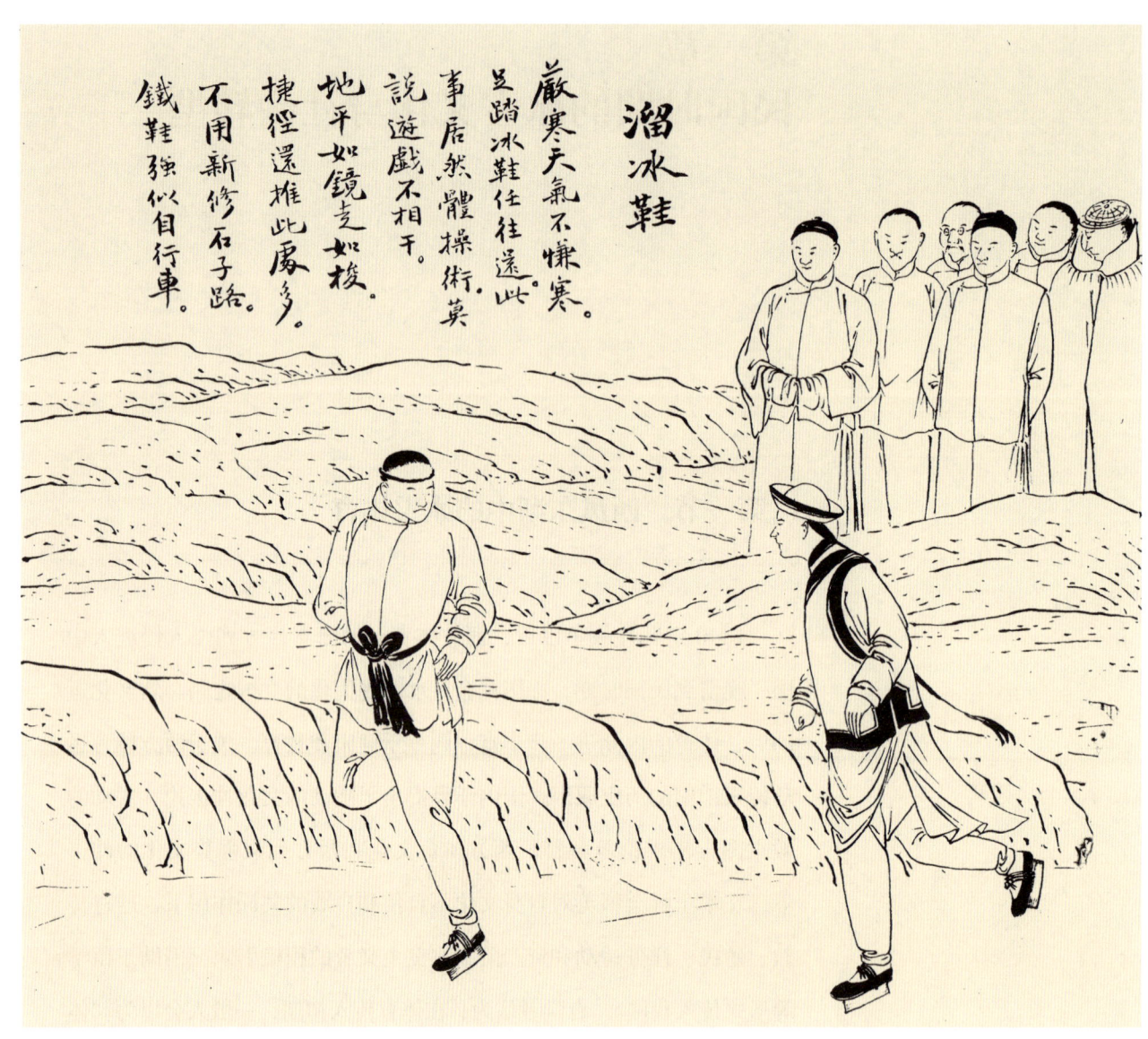

△ 图 1-1　士兵溜冰图（《北京画报》1906年第25期）

共同促进了体育的变革。传入的过程可以分为三个时期：初期以被动传入为主，中期则是被动传入和主动引进兼而有之，后期以主动引进为主，包括聘请外国教育家来华讲学、译介体育论著、移植相关制度等。[1]在此背景下，现代冰雪运动亦是伴随英、美、日、俄等帝国入侵而传入中国，形成了华北以中国学生为主、东北以侨民为主的两个发展分支。[2]

△ 图1-2
1917年《新青年》刊登毛泽东的文章《体育之研究》封面图（郭磊 供图）

毛泽东曾以"二十八画生"为笔名，于1917年在《新青年》发表了《体育之研究》，深感"国力恭弱，武风不振，民族之体质日趋轻细，此甚可忧之现象也"，认为"体育"可以增长知识、增进感情、坚强意志，"非第强筋骨也，又足以增知识；非第增知识也，又足以调感情；非第调感情也，又足以强意志"[3]。在国家和民族振兴的背景下，民族主义的"体育"之风兴起。

王健吾是著名体育教育家，极力主张中国人自己办体育，提倡普及化、平民化、团体化。他曾主办"河南省垣第一届民俗运动大会"，著述有《复兴民族与提倡民族体育》等。"运动"（sport）的原初含义是游戏性和娱乐性户外活动，随着民族国家的兴起，增加了竞技性含义。英文的"sport"源于拉丁语"depotare"，发展到18世纪，作为名词的"sport"意思是"在野外自由活动、狩猎、散心及游戏来愉悦心情"；到了19世纪中叶，作为名词的"sport"加上了竞技的含义，是"在户外进行游戏和运动，以及在户外的游戏和娱乐的总称"[4]。

现代西式溜冰的引入始于租界。天津和北平最初的滑冰场基本都在租界内，租界内的洋人将西方的冰雪运动照搬到中国。1890年，天津英租界工部局修建的游戏场中设有专门溜冰的地方；1893年，天

---

1 陈晴：《清末民初新式体育的传入与嬗变》，华中师范大学博士学位论文，2007年。

2 徐文东、朱志强：《中国冬季运动史》，北京：人民体育出版社，2006年。

3 二十八画生：《体育之研究》，《新青年》1917年第3卷第2期。

4 杨长明：《从日语"运动"相关概念考察日本"运动人类学"发展对我国的启示》，《西安体育学院学报》2016年第6期。

◀ 图1-3
燕京大学和清华大学的冰球比赛（林悦明 摄影，《图画时报》1928年第432期）

津法租界也成立滑冰场；1895年，天津滑冰俱乐部成立。初期的冰上运动主要是花样滑冰和速度滑冰。[1]《津门杂记》记载："有所谓跑凌鞋者，履下包以滑铁，游行冰上为戏，两足如飞，缓急自然，纵横如意，不致倾跌，寓津洋人乘乐为之，借以舒畅气血。"到了20世纪初，天津冰球俱乐部成立。当时驻扎在北京的美国海军陆战队在东交民巷美国兵营内，北京青年会（传教组织）在米市大街、梅竹胡同各修建了一个运动场，冬季可在此滑冰。[2]1906年，北京冰球俱乐部成立，冰上运动在华北京津地区开展起来。进入民国，冰上运动项目纳入学校体育课程，并迅速得到年轻人的喜爱。王健吾曾在1925年发表的《华北体育》一文中写道："溜冰及冰球，在华北及平津各学校，

---

1 郭磊：《平津冰场琐记》，《运动休闲冰雪》2018年1月15日。
2 郭磊：《冰上运动与体育救国》，《中国体育报》2017年7月17日，第12版；
　郭磊：《战舰下的冰床和滑冰者》，《运动休闲冰雪》2018年5月7日。

亦为冬季最摩登之运动。各校多在冬季建筑冰场，供学生溜冰之用，或在附近天然冰场及公共溜冰场，为学生谋溜冰之便利。"[1]

体育运动，作为一个在民族危机中从西方舶来的概念，一开始就与民族主义联系在一起。洋务派在"中体西用"思想指导之下，认为体育帮助西方建立了强大的军队，于是便开始请洋教官，在中国军队训练中开展西方体育。1881年，北洋军师学堂将滑冰纳入操法科（课），成为中国北方军师学堂的常规训练项目。西方体育项目通过军事训练的方式进入中国，使中国近代初期的体育带有强烈的强兵强国的用意。随着危机渐深，康有为、梁启超、严复等人意识到更重要的是要以体育强民强种，体育应作为新式人才之必修课。梁启超提出"军国民体育"思想，"苟体育不讲，则男子不能担负兵役，女子不能产魁梧雄伟之婴儿。人种不强，国将何赖"。其倡导体育之目的在于"务使举国之人，皆具军国民之资格"[2]。毛泽东在《体育之研究》中指出："体育者，人类自养其生之道，使身体平均发达，而有规则次序之可言者也。"[3] 知识分子纷纷将体育与强种保国、救亡图存联系在一起。冰雪运动也在这样的背景下被引介到民众生活，鼓励人们在冬季走出房间强身健体，同时也让民众感受到自身强健与民族国家之间的关联。在当时的课本上有一首题为《滑冰》的歌词：

> 兄弟姊妹乎，大家快来滑冰，滑冰是严冬唯一之运动，今朝云散现出无际碧落，昨宵风紧凝成满场塞凌。沐浴和暖日光，自然强健康宁，载欣复载奔，驰骋敏捷似流星。
>
> 兄弟姊妹乎，大家齐来滑冰，滑冰是严冬极好之运动，为炉取暖徒增一时气闷，着履卫寒，顿开万古心胸。呼吸新鲜空气，始得健康无病，相携复相招，驰骋迅速赛疾风。[4]

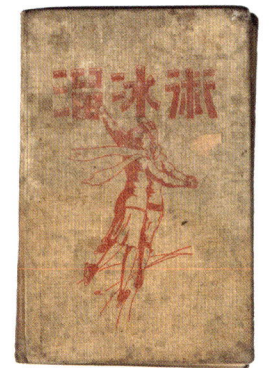

△ 图 1-4
《溜冰术》（郭磊 供图，北京摄影社，1930年）

---

1 王健吾：《华北体育》，《体育季刊》1925年第1卷第2期。
2 梁启超：《论尚武》，上海：上海大学出版社，2003年。
3 二十八画生：《体育之研究》，《新青年》1917年第3卷第2期。
4 马鸣珂：《滑冰》，《新撰小学唱歌教材·上》，奉天（沈阳）：振兴印刷局，1937年，第36页。

◀ 图 1-5
溜冰的孩子（代明 摄影，《玲珑》1935年第5卷第7期）原图文："小小年纪，居然也学会溜冰了！看他弯着腰，背着手，穿梭一般地奔驰，和严寒的天气竞争！"

第一本介绍滑冰的书《溜冰术》中介绍了当时溜冰的规则、用具、基本图形练习、冰球等内容，作者在书中写道："在一个风雪交加的冬夜里，谁都不愿离他们或她们的温暖的火炉旁边，但是有些人却愿意天天和冷到零度以下的冰交上朋友，甚至乐而忘返。试问除了溜冰之外，还有他种游戏能这样被人欢迎么？如此看来，溜冰的趣味浓厚，自然不言而喻了。"[1]

在民族主义的加持下，冰上运动很快流行起来。学校成为现代冰上运动传入中国的重要场所之一。起初主要是在潞河中学、燕京大学这样的教会学校中开展。新文化运动之后，溜冰运动在北京渐渐热起

---

[1] 《溜冰术》，北京摄影社，1930年。

▷ 图 1-6
北平北海公园冰上田径比赛优胜者合影(李尧生 摄影,《文华》1931 年第 18 期,第 26 页)

原图文:"北平北海公园漪澜堂主人为谋高尚娱乐提倡体育起见,特于一月之十一、十七两日在该园举行化装溜冰及田径比赛大会。是两日天气晴和、冰平如镜,参加者异常踊跃,来宾到者千人,颇极一时之盛。"

▷ 图 1-7
1932 年天津北宁溜冰场之形形色色(志同 摄影,《天津商报画刊》1932 年第 7 卷第 11 期)

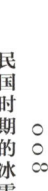

△ 图1-8 溜冰儿童所穿的四轮溜冰鞋（《好孩子》1923年第2期）

来，化装溜冰会、溜冰比赛、冰球比赛此起彼伏，溜冰成为"冬季最摩登之运动"。

在"体育救国"的民族主义口号下，溜冰甚至在无冰的南方也掀起热潮。热衷于赶时髦的上海，冬季难以形成坚实的天然冰场，于是四轮的冰鞋应运而生，室内溜冰得以在南方流行起来。

随着民族国家的世界格局逐步形成，奥林匹克运动会于20世纪30年代被介绍到中国。1928年，中国派出代表宋如海考察了在荷兰举行的第九届奥运会，由此考察的见闻所写成的《我能比呀：世界运动会丛录》一书，于1930年由商务印书馆出版。书中第一次向中国系统地介绍了奥林匹克运动，并配发照片介绍了在圣莫里茨举办的第二届冬奥会。这也是第一次将冬奥会的冰雪比赛项目介绍到中国。

宋如海是安徽怀宁人，毕业于南京金陵大学。受西方文化影响，

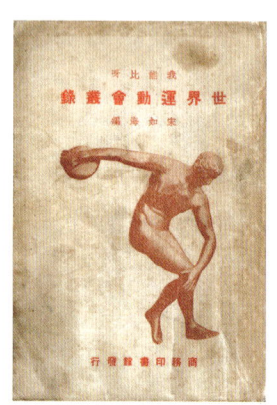

△ 图1-9
《我能比呀：世界运动会丛录》封面（郭磊 供图）

△ 图1-10

左：重庆的室内溜冰（《老照片：美国人拍摄的民国时期的重庆》，https://www.sohu.com/a/235427923-99925789）

右：20世纪10年代末冬日穿旗袍溜冰的女子（丁悚绘）

他从小喜爱现代体育，经常参加足球、骑马、体操、游泳、跳水等运动。曾任武昌基督教青年会总干事、华中体育联合会总干事，四处奔走呼吁各界重视体育事业，促成现代体育场建设、现代体育赛事和活动的举办。他还创办了中国第一所滑翔学校——重庆滑翔学校。抗日战争期间，宋如海陪同国际学生联合会代表团赴延安访问参观，受到毛泽东等中共领导人的接见，并被授予"抗大荣誉战士"的称号。[1]

△ 图1-11

宋如海（1890—1958）

1928年，第九届奥运会在荷兰开幕前夕，中华全国体育协会收到大会邀请函，邀请中国体育界派出代表出席观礼。但当时动荡的中国财力匮乏，成立于1924年的中华体育协进会作为一个民间体育组织，根本无力承担出洋的费用。斟酌后决定，由体育协进会向奥组委发去贺电：中国以至诚之意，恭祝第九届世界运动大会成功。之后体育协进会联系正在美国考察国民体育教育的宋如海，请他以中国正式代表的名义出席大会并进行考察。宋如海从美国乘船前往荷兰，出席了大会。一场因财政拮据导致的尴尬才就此化解。宋如海成为中国正

---

[1] 狄万勇：《中国参加奥运会的第一位正式代表宋如海》，《江淮文史》2008年第1期。

◀ 图1-12
左：1928年在瑞士举行的第二届冬奥会之雪车比赛
右：花样滑冰选手宋海雅尼在第二届冬奥会上
（郭磊 供图,《我能比呀·世界运动会丛录》）

式派出参加奥运会的第一位代表。他在开幕式上深受触动：每支队伍进场时，人们齐声高呼该国国名，各国运动健儿迸发出积极奋进的体育精神，而这种精神对于当时中国人来说十分必要。赛事竞争激烈，赛后颁奖，奏国歌、全场起立并脱帽致意，都让宋如海感到一个国家所受到的尊重，也正是当时中国所需要的一种尊重。他一边用心观察每个细节，一边念叨着："Olympiad, Olympiad, 我能比呀！"他决心将奥林匹克介绍给中国大众，以激发国民改变落后面貌的民族自信力。[1] 他在《我能比呀：世界运动会丛录》一书的开篇写道："按Olympiad原系古希腊运动会之名称，世界运动大会仍沿用之。'我能比呀'虽系译音，亦含有重大意义。盖所以示吾人均能参与此项之比赛。但凡各事皆需要决心、毅勇，便能与人竞争。"[2] 书中还有介绍冬奥会的插图。

中国比较系统地举办现代冬季运动的赛事也始于这个时期。奥林匹克文化的传入恰好与当时国内青年发愤图强、摆脱"东亚病夫"蔑称的精神需求相契合，故国内掀起了举办竞技比赛的热潮。区域性和全国性的冰上运动会成为民族国家危机和建构民族主义观念的表达场所。不仅开幕式上嘉宾发言强调"体育救国"，运动队员也以自己

---

[1] 狄万勇：《中国参加奥运会的第一位正式代表宋如海》，《江淮文史》2008年第1期。
[2] 宋如海：《我能比呀·世界运动会丛录》，上海：商务印书馆，1930年。

△ 图1-13 1928年瑞士第二届冬奥会中滑雪赛

（郭磊 供图，《我能比呀·世界运动会丛录》中译为"雪靴赛"）

◀ 图 1-14
1935年第十九届华北运动会冰上表演会纪念章
（郭磊 供图，《导光周刊》1935年第3卷第7期，第3版）此次冰上表演大会由北平体联会首次创办，是热心提倡冰上运动者努力奔走的结果，被当时报刊称为"中国冰上运动史之第一页"

的方式进行民族主义表达。例如，在1933年的第五届全国运动会上，来自当时东北失地的辽吉黑热哈五省选手便统一穿黑白两色服装入场。1935年1月25日的第十九届华北运动会同样如此，东北代表团出场时手举独特的队旗，队旗上白下黑，中绘各省地图，象征东北的白山黑水，以提醒人们不要忘记东北，早日收复失地。

这些大型运动会中蕴含人们的民族主义表达。中国奥运先驱张伯苓领导的南开大学一向以重视体育著称，冰上运动在这里不仅开展得早，而且还进行系统的训练。南开大学1925年便成立了白熊冰球队，1935年因打败俄侨冰球队而名声大振，时人的民族自豪感由此大增。[1]

△ 图 1-15
左：1935年华北运动会冰上表演大会会场门前　右：1935年华北运动会冰上表演大会中的东北代表队，图题为"触目惊心之东北五单位旗帜"（《导光》1935年第3卷第7期）

---

[1] 郭磊：《冰上运动与体育救国》，《中国体育报》2017年7月17日，第12版。

▲ 图1-16 1935年华北运动会冰上表演大会中的北平市男女选手合影

（郭磊 供图，《老实话》1935年第55期）

▲ 图1-17 1935年第十九届华北运动会河北男子优胜队

（《勤奋体育画报》1935年第2卷第5期）

◀ 图1-18
1929年燕京大学与美国大学冰球队

[《旧京图说（下）》，北京日报出版社，2016年，第192页]

距北平千里之外的延安当时也盛行冰上运动，在冰鞋制作、运动项目上极具地方特色。冰鞋的制作因陋就简，就地取材，如将刻蜡纸的旧钢板切成两半做成冰刀，或用日军轰炸延安后留下的炸弹皮进行加工后做冰刀。延安体育会第一任主任李导1986年的时候根据回忆绘制了"铁皮式"和"木板式"两种自制冰鞋的样式。

1943年2月7日，为纪念二七大罢工二十周年，延安市各界在延安大学门前的滑冰场举办了"延安市溜冰运动大会"。冰上运动则带有很强的地方性和趣味性，竞技性退居其次。有一项男女二百米

◀ 图1-19
1930年燕大冰球队

（周振勇 摄影，https://www.sohu.com/a/352503026_500038）

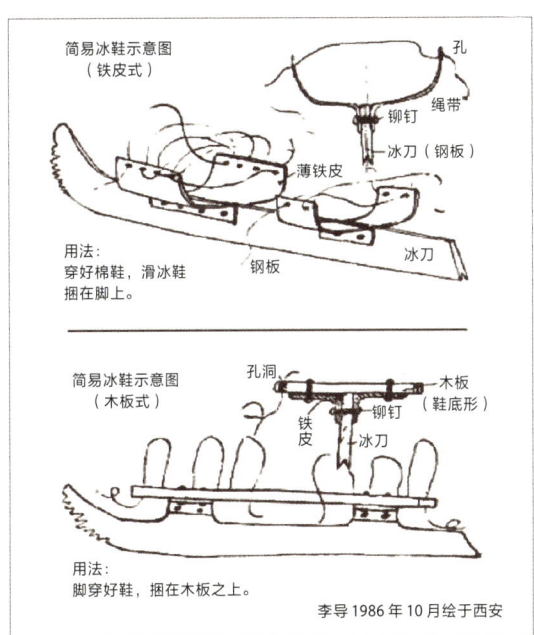

△ 图1-20 李导绘制的延安时期简易冰鞋示意图
（郭磊 供图）

△ 图1-21 延安时期的溜冰者
（郭磊 供图）

"携灯往还"比赛，具体的方法是起点处放一盏灯笼和一盒火柴，发令后用火柴点燃灯笼，提着灯笼滑行，到50米处，把自己的帽子放在滑道上，到百米处绕一个凳子再往回滑，途中取回帽子戴上，再滑回起点。途中如果灯笼熄灭，需要重新点燃。返回起点所用时间最短的获胜。[1] 运动会成为一种展演仪式，革命青年与工农群众皆乐在其中，振奋起人们的民族主义热情。

以往关于中国近代民族主义的研究多以国家的民族主义叙事为主线，缺少多元的民众声音及其参与民族主义建构的实践动机，较少关注民众对于民族主义的主位理解与主体性参与的实践逻辑。在缺乏民族主义意识的背景下，通过体育运动建立个人身体与民族自强的关联，是民众理解民族国家的重要基础。正如时人所言："有强健之身体，始有强健之国民；有强健之国民，始有强盛之国家，试观世界列强，莫不以体育为重。"[2] 费正清亦指出体育运动可以唤起民族主义意识、培养民族主义情感，是当时中国进行民族国家构建的重要社会文化资本。[3] 布迪厄曾强调，所有资本都要呈现为象征资本而作用于人们的认知，通过象征资本的再生产性参与社会

---

1 郭磊、贾亚娟：《战斗年华里的延安冰上运动》，《中国体育报》2018年7月9日。

2 阮志珍：《对于天津体育协进会之企望》，天津体育协进会：《天津体育协进会刊》，1934年，第3页。

3 费正清：《美国与中国》，张理京译，北京：世界知识出版社，2000年，第255-256页。

空间结构的建构。[1] 作为一种体育形式的溜冰运动从西方引入，在民族国家建构中，这一文化资本被人们感知并赋予意义，进而成为象征资本而再发生作用。

△ 图 1-22 "延安市溜冰运动大会"的场景（李祥 供图）

---

1 Bourdieu Pierre & Wacquant, Loic J. D., *An Invitation to Reflexive Sociology*, Cambridge: Polity Press in Association with Blackwell Publishers, 1992; Bourdieu Pierre, "Social Space and Symbolic Power". *Sociological Theory*, Vol.7, No. 1（Spring）, 1989, pp.14–25.

第二节　雅俗共赏的日常冰雪文化

一篇1934年12月写于北平的现代长诗《冬底杂奏·前奏曲》，描绘了打开宫门之后，融汇中西、处于变局中的冬日街景：

举着沉悒的步子，昂起高大的头颈；劳苦，骄傲，腿随皮帽完吞了脸孔的主人迟缓的步调；铃声的慢奏，揭起了的尘土。

"括，嘞……"

硕笨的大车，皮鞭与驴背的奏响。

黄的琉璃瓦，红红的宫墙，屹立在苍茫里的前门高楼；雄伟的俯视的城堡，慢速力的电车行驶。龙柱，牌楼，西北风的逗威里的颤抖，皇家的Terrorism的泯灭。

"大公报……糖葫芦……烤白薯……糖炒栗子……冰糖莲子稀饭……"

生底压抑，饥饿线上的小贩寒颤的喉音。

吹着口笛，风：

"呼……"

抹过了秃的槐树的枝桠，抹过了低低的屋脊，抹过了古老的Cathedral的尖顶。

交通灯的睡眠，人行道的Tessellation上的冷静；赛卖，Sale，大公司屋顶上永远指着兴字的电钟。

Solitary的俄罗斯皇族的悲哀，悠闲的调子里染上了的冬底色泽。

Skate的季节：

北海，宽宏的冰面，坚硬的结冻，冬的怕人的威力。

"吱……吱……"

方格子围巾的飘动，冻红了的鼻尖上的欢喜，Skater的骁勇。

"Something from each one you bring to me.—"

Skate 的跳跃，一群男女缤纷的笑。

Outside Curve，一条毛袜贴穿了的女人的左腿的转动；Inside Curve，紧接着一条别的右腿的飞驶，冰上留下来的弧线，白的，Parabola 的杂乱。

"Are you fond of skating？"

"I take great pleasure in it."

"吱……吱……"

Caledonia 的少女的歌声，Russian 种的孩子的笑，不分国籍的欢愉的流散。

漪澜堂，五龙亭，白塔，大自然的冬色底苍茫。

"爱，你小心着冰刃呀！"

"放心吧，留心你身亡啦！"

"Oh! It is very slippery."

"Take care，don't fall！"

情侣 Walty 式的两重奏，十字形的握手。

"吱……吱……咔……"

热情，奋勇，寒冷，交织在冰面上的跃动。[1]

诗人用诗意的协奏、中西文的混搭、自由驰骋的语言，描绘了北平冬日里衰落的皇宫与兴起的街市、为生计奔忙的小贩、赶时髦的溜冰男女以及中西合璧的生活场景和文化氛围。北方的冬季，冰天雪地的肃杀冷峻中越发显现出人们奔走活跃的热气腾腾，苍茫之中孕育新生，与近代中国之处境不无相似。

皇家威严泯灭，市井商场兴起，女性走出深闺融入社会，曾经皇家禁苑成为民间的公园，冰嬉、冰窖、冰灯从宫廷官府逐渐进入寻常

---

[1] 李夹人：《冬底杂奏（北平通讯）》，《现代新闻》1935 年第 1 卷第 11-12 期。

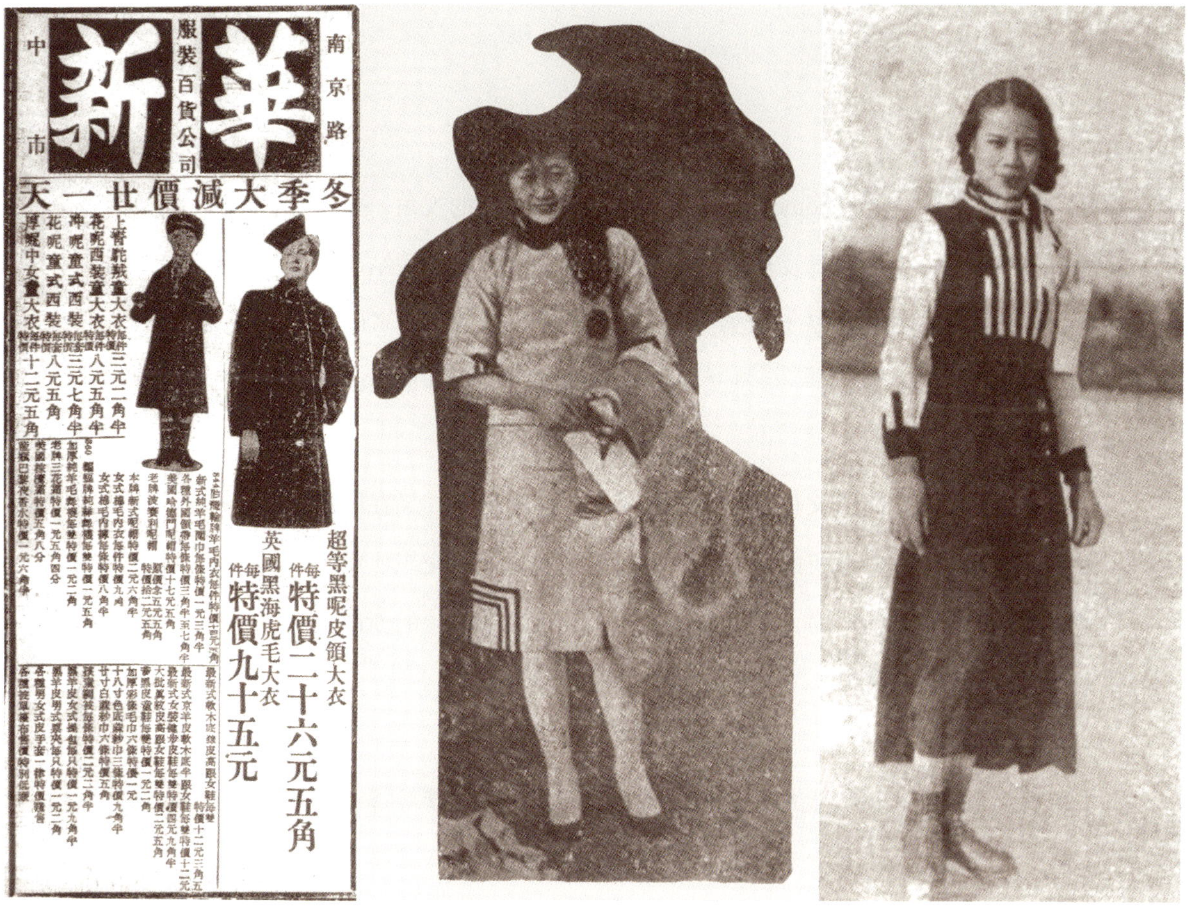

▲ 图 1-23
左：冬日之夹袍与大衣（《旗袍之流行》，《中国大观图画年鉴》，1930 年，第 193 页）
图文："旗袍为清朝服饰之变相。现经相当之改良，已为目下我国妇女通常之服式。若剪裁得宜，长短适度，则简洁轻便，大方美观。"
右：冰场上的萧淑芳女士，穿着西式高领毛衣与长裙（《图画周刊》1935 年第 284 期）

百姓的生活世界。中西文化的交融，冰鞋换成西方的冰刀，溜冰变成 skate，"现代""洋气"从衣着服饰到思想观念改变着社会的面貌。无论是伫立在苍茫中的皇宫，街道上叫卖的小贩与百货公司，还是溜冰场上"不分国籍的欢愉"，近代以来的社会转型之方方面面，都在这冬日的冰雪文化中得以体现，也在冰雪文化中渗透进百姓的日常生活。

正如古话所言："其作始也简，其将毕也必巨。"日常生活中简单细微的改变，逐步编织起社会整体的转型。"日常"，是"二战"后学界开始兴起的一个研究视角。默克罗比（A. McRobbie）认为："文化研究所关注的，更多的还是意义重大但又是常常被忽视了的日常生活的动力学：厨房里的声音，家里的喧响，以及街头的符号和时尚，等等。"[1] 常人方法学（ethnomethodology）亦是从现象学的视角，关注日常生活的情境、生活逻辑及其索引。这些构成了一个社会联结起来的文化逻辑和文化意义的基本脉络。国人常说"习以为常"，意味着"日常"乃是文化习惯，进一步是文化习性之场所，由此可见日常文化之深邃。

近代中国的日常冰雪文化，承接中国深厚的文化传统，又在西风东渐、崇西趋新、民族危机的背景下，呈现出东西方文化交织、精英与民间文化融合的特点。时人曾这样描述近代北京城中服装的新旧交替、中西融合的冬日景象：

> 北平有魅力的古代建筑，文化融合中西之长，人情醇厚而不流于俗陋，有近代和中国古代消费区……日前古城落了一场三寸多厚的雪，寒气逼人，在服装方面又起了一层小小变化，纯粹的毛窝（中国棉鞋，北平叫法）和古式的黑缎子冬护头（各地叫作风帽）出现在一般讲道德说仁义者的脑袋上。一九三六的冬装，小姐少爷们分门别类地穿起，和古香古色的中国冬装对比一下，佳人感到有种隽永的趣味在。[2]

最显而易见的变化，体现在冬日服饰上。有传统的棉鞋"毛窝"，也有时尚女性的高跟鞋；街市上既有狐裘大氅，也有粗布棉衣与老羊皮；既有"周身三尺不落雪，最宜夸富"[3]的海龙帽子，也有朴实抗寒的毡帽。过去曾受等级制度限制、只有皇宫贵族和达官贵人才得以穿戴的狐裘等皮货，在近代进入市场，成为"讲道德说仁义者"在冬日里彰显财富与身份的象征。关于裘服，《诗经·小雅·都人士》中曰："彼都人士，狐裘黄黄。其容不改，出言有章。行归于周，

---

[1] [英]安吉拉·默克罗比：《后现代主义与大众文化》，田晓菲译，北京：中央编译出版社，2001年，第16页。

[2] 蕙荃：《冬在北平》，《星华》1936年第1卷第29期。

[3] 李滨声：《燕京画旧全编》，北京：中华书局，2017年，第45页。

▲ 图 1-24
左：穿呢大衣戴军帽的男孩（胡道生 摄影，《柯达杂志》1934 年第 5 卷第 4 期）
右：穿棉袄戴老虎帽的女孩（安福 摄影，华北交通写真，1940 年 1 月，照片 ID：3801-026999-0，http://codh.rois.ac.jp/north-china-railway/photograph/3801-026999-0.html）

万民所望。"自先秦以来即有以规定裘皮的种类、多少、色彩等来区分皇帝、侯伯、官员等不同等级的传统。尤其是清朝以裘皮制作冬朝服，达官贵人对裘服的推崇，带来整个清代崇尚裘服的风尚。尽管"保暖还是粗布衣，防寒莫过老羊皮"[1]，但民国初年的高档皮帽、裘服等皮货仍价值连城[2]，正体现了近代以来宫廷文化的民间化，其价值正来源于服装所承载的传统文化资本。

服装款式上，既有中国传统的棉袄，亦有西式毛呢大衣。从旗服改良而来的冬日旗袍搭配毛呢大衣，结合了中国传统与西方现代的审美，成为都市女性的时尚服饰。在青年男女与儿童的冬日服饰上，更多体现了东西方文化的多元与交融。

冰雪饮食文化是北平的日常文化特色。最受欢迎的是冰糖葫芦，无论节日还是日常，它都是最抢口的冬季小吃。陈莲痕的《京华春梦录》（1925 年）中记载北平过年逛厂甸的兴致所在："迫兴阑游倦，买

---

[1] 李滨声：《燕京画旧全编》，北京：中华书局，2017 年，第 54 页。
[2] 李滨声：《燕京画旧全编》，北京：中华书局，2017 年，第 52 页。

步偕返，则必购相生纸花，乃大串糖葫芦，插于车旁，疾驶过市，途人见之，诚知为厂甸游归也。"

冰核，口语为核胡。贫家儿童夏季到冰窖买一块冰下街叫卖："凉冰哎，解渴湃牙的凉。"[1] 据铢庵《北梦录》记载："每岁冬季取湖中冰块窖藏之，次年用之不竭，为方数尺，值才铜元十余耳。往日冰窖皆官营，以供上方之用，有余则颁诸群僚，民间交易又其次也。"

△ 图1-25

左：冰盏（Photograph by Hedda Morrison, Drink vendor displaying metal hand clappers called bing zhan, President and Fellows of Harvard College, Harvard-Yenching Library, USA）

右：打冰盏的人（Photograph by Hedda Morrison, Vendor at a food stand selling drinks holding metal hand clappers called bing zhan, President and Fellows of Harvard College, Harvard-Yenching Library, USA）

1　李滨声：《燕京画旧全编》，北京：中华书局，2017年，第168页。

▶ 图1-26

上：1939年北京街头吃冰棍的母子（安福 摄影，华北交通数据库，1939年6月，北京，照片ID：3702-018738-0）

下：1941年在北京西华门的冰棍小贩（西 摄影，华北交通数据库，1941年6月，北京，照片ID：3805-039183-0）

图1-27
北京西三座门大街卖冰镇酸梅汤的小贩

(吉田 摄影,华北交通数据库,1939年6月12日,北京,照片ID:3702-019405-0)

北京的老冰棍出现在20世纪20年代末。由于当初是用约一尺长的白铁皮管为模具冻成的,故名冰棍。[1]

赏雪,是北方市井文化的一个亮点。皇家园林开放成公园后,冬季冰封的广阔湖面成为溜冰爱好者的乐园,积雪的亭台楼阁与园林景观也成为人们赏雪的胜地:

> 冬天的风景,城内有北海、天坛、中山各公园之赏雪地带,城外有颐和园、西山之郊外名胜。冬雪落了,在北海公园中的白塔上望东北角下的紫禁城,黄绿辉映的玲珑的建筑上,铺着一层白的雪,真如天然的图案。在天坛和西山也是美丽的雪赏区。……这标准的中国文化区,风景与生活,四时皆美,可惜在敌人包围中了![2]

---

1 李滨声:《燕京画旧全编》,北京:中华书局,2017年,第203页。

2 蕙荃:《冬在北平》,《星华》1936年第1卷第29期。

△ 图1-28
《紫罗兰》杂志刊出的中外之雪景
(《紫罗兰》1926年第1卷第5期)

皇家园林变成民众"赏雪地带",作者在赞美"中国文化区"的雪景之美,亦不忘提醒人们身处"敌人包围中"。赏雪,有着悠久历史的文人传统,煮酒设宴,邀请友人吟诗作对,留下众多传世佳作。在近代,本是自然之景的"雪"更是成为各种言说的意象,承接着古今中外的文化。在民国报刊上,常在同一页中看到摄影与中国水墨画的雪景、来自中国与西方的雪中嬉戏与景致。

通过赏雪,不同文化得以潜移默化地进入人们的观念世界与日常生活之中。晚清从西方传入中国的摄影,也为人们赏雪增添了新的乐趣。结合摄影技术的讨论与摄影作品的交流,冰雪摄影愉悦了人们的冬日生活,丰富了中国近代冰雪文化,同时也是中西文化相互交织与融合的载体。

> 大雪之后,遍地皆成银色,龌龊的世界变作清白净洁的乐土,树枝上堆满了白雪,温和的太阳照着远处的平野,耀人眼目,我们拿着镜箱在这美丽的世界上摄影,是再快乐也没有的了。雪是冬天摄影再好也没有的机会了。不论何处都有摄影的材料,也就是一年之中对摄影贡献极多的一个良机。[1]

---

1 魏南昌:《冬日的摄影》,《中华摄影杂志》1935年第10期。

图1-29
"赏雪"游戏（《儿童教育画》1914年第37期）

每到冬季，报纸杂志中刊登冬日的风景与生活，还有摄影杂志举办摄影比赛，鼓励摄影爱好者投稿参赛。在这些冰雪摄影作品中，不仅能够看到中国绘画的审美旨趣，也能感受到摄影师对曝光、光影、空间感的尝试。正如萧淑芳回忆自己第一次画北海白塔时写道："用国画传统山水的笔法，糅以西洋画的空间感来对景写生。"[1] 这些冰雪摄影也以西方传来的摄影技术和空间感结合中国传统绘画和诗词的意境，形成融汇中西的审美视角。与此同时也让我们在一个世纪之后能

---

[1] 萧淑芳：《四十年前我画北海白塔》，《紫禁城》1982年第5期。

△ 图 1-30 "冬日生活与冬景"摄影月赛的部分照片
(《柯达杂志》1937 年第 8 卷第 4 期)

△ 图 1-31 《故都雪景》组图(魏守忠 摄影,《大众画报》1934 年第 4 期)

左:"冰溪雪岸"

右:"宣武门前之银树",让人联想到"忽如一夜春风来,千树万树梨花开"的诗句

够通过照片看到近代中国融合了传统与现代、东方与西方的冬日美景与生活场景。

尽管人们以摄影、绘画、诗文等多种多样的艺术手法来描绘冰雪风光，但是不变的是以冰雪抒情、借冰雪言志的表达方式。只是过去多借冰雪来抒发对高洁无畏的文人风骨之向往与追求，而到了危机日深的近代，冰雪则被寄寓了危难中热血救国的民族主义情结：

> 好白的雪，多么美的景，艺术家和诗人们，谁都要欣赏一回。我虽不是艺术家，也不是诗人，但爱美的心理也促使我欣赏这美景。以前我曾邀集了三朋四友，备了丰盛的筵席，开直了楼窗，欣赏那雪景。今年有更白的雪，更美丽的景，但是我的友朋已牺牲在日人刺刀之下了。我的楼房已颓塌在日人炮弹之下了！
>
> 我凝视着地上的白雪，聪明的我便想到，不但闸北有这样美丽的雪，江湾也有，吴淞也有，一直推想，便知道东北也有，榆关也有。我又想到机关枪的子弹，从雪面上飞过，是多么的清脆！我又想到敌人在雪地上一排排的倒下，是多么的快人心意。我又想到忠勇的卫国战士上了刺刀，在雪地上狂喊地冲锋，是多么的兴奋！我又想到烈士的热血，流在洁白的雪上，成为"雪里红"，又是多么的鲜艳和光荣！[1]

绥远被日军侵占后，由于地处塞外苦寒之地，"冰天雪地"加剧了国难深重、战火延绵的惨烈，报纸上出现了大量在冰天雪地中作战的照片。战士们的热血身躯与严寒冰雪，为近代的冰雪大众文化刻上唤醒民族主义情绪的意义。以《赏雪》为题的诗饱含救亡图存的悲壮呼号：

---

[1] 憶桐：《闸北赏雪》，《新闻报本埠附刊》1933年1月21日，第2版。

▶ 图 1-32

上：雪后之乡村风景（郭锡祺 摄影，《精武画报》1930 年第 2 卷第 15 期）

摄影作品通过溪流、道路着力呈现纵深空间，取景构图又透着中国传统诗词的诗意

下：《赏雪》（何秀实，载《学生文艺丛刊汇编》1911 年第 2 卷第 2 期）

《赏雪》诗云："一夜朔风号，肌肤寒欲裂。晓来诗性酣，携酒步溪雪。""溪雪"作为诗词意象，在摄影作品中也屡次出现

◁ 图 1-33
冰天雪地中之抗日军（《天津商报画刊》1932 年第 7 卷第 11 期）
上：救国军后方向前线运送接济；下：总攻义县之救国军雪中行军

看呀！／屋子上罩了一件白衣／……美丽地盖着全个世界！／装饰成太平的气象。／但，且慢欢喜。／绥远前线抗敌的将士，／正在这严寒大雪的时光，／还热烈地杀那侵略我领土，／残杀我同胞之贼人！发扬我们四万万民族的精神。／青年们！切记！／国家是我们大众的国家，现在是到了千钧一发的关头，／请勿隔岸观火，／应该积极后援的工作，等到歼灭了东土的敌人，／到那时候，我们才得痛快地饮酒赏雪。[1]

在围绕赏雪的绘画、摄影作品、诗文之中，既有民族国家的意识形态话语，也有民众自发的情感表达，可见近代中国的冰雪大众文化

---

[1] 董仁哲：《赏雪》，《现代文艺（上海 1936）》1937 年第 4—5 期。

▷ 图1-34

左：绥远抗战之兵士在雪地中射击（《现代青年（北平）》1937年第7卷第2期，封面图）

右：雪地行军（胡玫作，《抗战中的华北（三）：雪地行军》，《笔谈》1941年第7期）

△ 图 1-35 "赏雪眼光之不同"（《新闻报》，1916 年 1 月 28 日，0013 版）
同一场大雪，乞丐曰："这是要命。"富人则说："这是祥瑞。"

生产着丰富的社会文化意义：既有中西方文化的交融、传统与现代的并接，同时也加入了构建民族主义和民族国家的文化实践。

赏雪之"赏"，是一个"造意义"的过程，画意、诗意自不待言，社会意义也蕴含其中。例如，穷人和富人眼中的大雪，意境是很不同的。冰雪大众文化是由国家、精英与民众等不同的主体共同实践出来的，在社会秩序的转型中借冰雪大众文化来处理各种文化张力，呈现出复杂的文化权力关系。

冬日冰封的河面，不仅是青年人的溜冰场，也是冰窖商人和采冰工人的工作区。冰的使用一度是皇家特权，严格限制民间使用。在明代到清代中期，冬季贮存的天然冰专供于宫廷消暑、皇家祭祀、巡幸差务、赐冰给各官署衙门及大臣，具有极强的等级限制，所建冰窖均为官窖。[1] 官员与民间用冰依靠皇帝赏赐，是"皇恩浩荡"的象征。

△ 图 1-36
赏雪者：可惜雪下得不够大
（金剑凡绘，《新闻报》，1937 年 1 月 23 日，第 0018 版）

---

[1] 寇芳莹、王晓帆：《北京明清及民国时期冰窖发展叙略》，《文化学刊》2018 年第 5 期。

▷ 图 1-37
舍冰水图（清代民间艺人绘，北京图书馆藏清代民间艺人画稿：《北京民间风俗百图》，北京：书目文献出版社，1983年，第94页）

此中国舍冰水之图也。凡三伏特官所门首搭一席棚，木桶盛凉水，上置冰一块，棚上挂黄布四块，写皇恩浩荡。民间施舍，写善结良缘，以为往来人止渴。

▽ 图 1-38
"一片雪地——冰商的富源"**摄影组图**（郑景康 摄影，《良友》1934年第87期）

◀ 图1-39
金鱼池采冰场，采冰工人用长杆冰锛在冰面上界线
（田中 摄影，华北交通数据库，1940年2月，照片ID：3705-026794-0；摄影者：竹岛，拍摄时间不详，照片ID：3604-009329-0）

▲ 图 1-40　用冰镩把冰镩下来

［《甘博摄影集》第二辑，第 40 页、第 142 页，1924—1927 年，北京］

　　直到晚清，国力衰弱，才出现了官窖民营的现象。进入民国时期后，冰窖从官营转为民营。冰的使用从皇家到民间，是近代中国民众生活的一个新转变。近代中国的冬季采冰贮冰、夏季消暑冰食，以及餐馆、海鲜铺、水果铺、肉铺等用冰块保鲜食材，天然冰成为与社会平民百姓的日常生活最为贴近的冰雪文化。

　　1914 年，北洋政府正式批准民间在许可地点开设冰窖。民间开办冰窖业务，由市工务局管理，负责办理营业执照、收缴租河费和水费。[1] 冰窖主负责募集工人开采、运输、贮存、销售天然冰。

1　沙敏：《采冰备夏正逢时》，《北京日报》2021 年 1 月 14 日，第 15 版。

冰窖所用之人夫，分内外两行，凡窖内自旗官儿（经理）、伙计、先生（司账），"了事的"等，皆为"内行人"。其窖外之打冰人夫，及运冰至窖之车夫，皆为"外行人"。然所谓外行人，非冰业以外之人，因此辈技术只精于打冰，不谙窖内之藏冰方法，故名之曰"外行人"，乃窖内工人称呼窖外工人之术语也。惟运冰之车夫，则为真正之外行人，乃冰窖临时向乡村雇赁者。

打冰工人，各有派别，分"河上"及"河下"二部，在河内冰层上工作者曰"河下"，搭冰上岸者曰"河上"，河下工人又分三种，曰"看风儿的"，曰"画线"，曰"打冰"。河上工人则分三种，曰"拴套儿"，曰"拉冰"，曰"装车"；冰车运至窖外，则工人又分二部，曰"口儿外"，曰"口儿里"。口儿外工人，俗曰："窖口儿上的"，即冰窖门口外边之工人，此辈分三种，曰"放牌子"，曰"走盪儿"，曰"卸车"；其口儿里之工人，分四种，曰"接冰"，曰"码冰"，曰"缮席"，曰"封泥"。上述之口儿外工人，与前述之河上工人及河下工人，同属于打冰之"外行人"，其口儿里之工人，始为经营冰窖业之"内行人"也。[1]

吴传本先生在《冰天雪地采冰人》文中说：

每次界好线后，要用三尺高的T形或十字形冰镩按着界好的线把冰镩下来。这种冰镩，下半截是钢制四楞，由上到下呈锥形，顶部中空楔木为心加铁箍，上装左右把手。冰镩很重，用时双手握牢把手按冰线垂直一抬一放往下镩冰，看似简单，其实镩冰要有技术——镩下来的冰块要方正，不能有大有小，不能破边，没有技术的镩下来的冰块一准

---

[1] 冰盦：《北京之冰窖》，《国民杂志》（北京）1941年第7期。

▶ 图 1-41

把镩下来的冰块拉到岸上

上：摄于金鱼池（田中 摄影，华北交通数据库，1940年2月，照片ID：3705-026783-0）

下：摄于西城外（竹岛 摄影，华北交通数据库，1938年12月，照片ID：3603-008674-0）

图注："一天平均采集一千个余，一个大约二尺五寸，重约二百斤。采集季节是十二月下旬到二月下旬。地点有北海、中南海、万寿山外几个地方。"

△ 图 1-42 采冰

（摄影者及拍摄时间不详，华北交通数据库。照片 ID：3902-051613-0）

儿是破碎的。在冰场镩冰的顺序是从远处开始，镩完一排再镩一排退着镩。冰镩下来后应及时运往冰窖，不能长久风蚀太阳照晒。[1]

采冰是重体力劳动，莫理循曾感慨："冬天许多人冻死街头。最了不起的是那些忍受着巨大苦难却从不抱怨，依然快乐，具有坚忍不拔毅力的人们。"[2]

金受申曾写道："拉冰入窖的工人多系外行人，只有一把子苦力气，想在此中求衣食，或为一时糊口之作，来此做个短期壮夫。"[3]

---

1 引自祁峰：《数九寒冬冰上忙》，《中国机关后勤》2017 年第 12 期。
2 [澳] 赫达·莫里逊：《洋镜头里的老北京》，董建中译，北京：北京出版社，2001 年，第 5 页。
3 金受申：《老北京的生活》，香港：香港繁荣出版社，1990 年，第 76–77 页。

▲ 图 1-43 拉冰入窖

（岩村 摄影，华北交通数据库，1940 年 1 月，照片 ID：3801-027026-1）

▲ 图 1-44 把冰排列整齐

（岩村 摄影，华北交通数据库，拍摄时间不详，照片 ID：3603-009268-0）

▲ 图 1-45 1942 年北京西便门采冰场的危险信号灯

（西森 摄影，华北交通数据库，1942 年 2 月，北京，照片 ID：3806-050052-0）

根据历史资料，民国时期北平的冰窖及其分布见表 1 所列。

表 1　民国时期北平的冰窖及其分布

冰窖	地址	基本情况
雪池冰窖	明清位于皇城内。北海公园东门外雪池胡同 10 号	俗称"里冰窖"，为各冰窖之冠。从太液池取冰，经陡山门运出存入冰窖；民国时须供总统府用冰八千块
德顺冰窖（现名恭俭冰窖）	北海东侧恭俭胡同	原名是"内宫监胡同"，民国改名"恭俭"胡同。在故宫护城河、北海、御河采冰
德盛冰窖	德胜门外西河沿北面冰窖口胡同	明清两代大型官窖之一德胜门外冰窖。在积水潭、太平湖采冰
同春冰窖	冰窖旧址在今北京大学校园内，今中关村仍有冰窖胡同	始建于康熙年间的畅春园皇家冰窖。民国时由海淀镇娘娘庙街三合果局的老板经营。从海淀镇西至六郎庄的小湖和小河取冰
宝泉冰窖	什刹海南岸，现称白米北巷	原是恭王府冰窖，民国初年由恭王府的管家裕继昌承包经营。顾客主要是地安门外、鼓楼前的餐馆、店铺
永顺冰窖	中南海东南角	
卫生冰窖	永定门外洋桥村，马家堡	从凉水河采冰
合同冰窖	永定门外桥东河沿	
永和冰窖	永定门外	
新记冰窖	前门外金鱼池	从金鱼池采冰
四义冰窖	正阳门外三里河，今为冰窖厂小学所在地	从金鱼池采冰
和顺冰窖	安定门外桥西护城河北岸	从护城河采冰
荷香冰窖	朝阳门外桥北	
乐家冰窖	通惠河边	
义合冰窖	东直门外	原东直门外斜街西北面称冰窖口，后改成西香河园
义成冰窖	东便门外	
为民冰窖	西直门南	
永聚冰窖	阜成门外北顺城街	原称冰窖胡同，因重名而在 1965 年改为冰洁胡同
秀洁冰窖	阜成门内	
四宜冰窖	宣武门外	

资料来源：《北京冰窖业之调查》，《经济半月刊》1928 年第 2 卷第 8 期；赵一帆《冰窖往事话北京》，《首都食品与医药》2015 年 6 月上半刊；寇芳莹、王晓帆：《北京明清及民国时期冰窖发展叙略》，《文化学刊》2018 年第 5 期；骆玉兰：《窖藏的历史——以冰窖命名的胡同街巷》，骆玉兰主编：《胡同寻故》，北京：北京出版社，2010 年；张宝章：《冰窖胡同 300 年》，《海淀镇》，北京：北京出版社，2018 年。

民国时期，雪池冰窖、德顺冰窖、德盛冰窖、同春冰窖、宝泉冰窖这几座曾经的官窖均由大商行、餐馆老板承包而转为民营。此外，一批民营冰窖也陆续建起来，表1中自卫生冰窖以下均是后起的民营冰窖。而且，冰窖的经营流转变化极大，冰窖的商号名字有较多变化，亦有未被记录在册的。但冰窖分布的位置变动不大，选址均在临近水源、交通便利之处，既方便冬季采冰贮冰，也便于夏季天然冰的销售。

作为一种新式的商贸行当，冰窖业继承了晚清以来私人承办官窖而形成的天然冰的采集、运输、储存、售卖一套完整的商业运营程序，[1] 同时让过去皇家、官府才能享用的冰进入民间百姓的日常生活。北京餐饮酒店每年都采购大量冰块保鲜食材，"各大饭庄、馆和肉铺都在前一年批冰，先期交款，按照批冰当年市价，明年取冰时价钱

▶ 图1-46
北京城封冻的护城河
（摄于清末，转自周劲思：《清代的冰箱与王府冰窖》，《紫禁城》2017年第2期）

---

1 寇芳莹、王晓帆：《北京明清及民国时期冰窖发展叙略》，《文化学刊》2018年第5期。

涨落不受影响"[1]。而小摊贩则零散购买，制成各类冰镇消暑冷饮贩卖。民营冰窖见证着民国以来民间商业的发展，平民百姓得以在夏日享受片刻清凉，权力的下移让民间社会感受着新国家的新气象。

明代在正阳门外建有冰窖厂，其东西两侧分别是金鱼池和珠市口，冬季从金鱼池采冰，而夏季从冰窖厂运冰到珠市口的这条路，就成了冰窖胡同。[2]

20世纪20年代，曾经的皇宫禁苑纷纷开放成公园，成了老百姓的公共休闲空间。揭开神秘面纱的皇家园林吸引着大量民众前来一看究竟，于是商家、政府举办各类活动都在公园举行，同时也让民众感受着新国家的新气象。公园开放后，赵群在《元宵节公园打油诗》的《冰灯》诗中写道：

冰能做灯真奇怪，
并且还成各形态；
中间有光四围亮，
可惜就怕太阳晒。

冰灯，早在明代即出现在北京，孙国敉在《燕都游览志》中写道："有冰灯，细剪百彩，浇水成之。"[3]冰灯的出现离不开上元节逛灯市、闹花灯的习俗。自晚明以来北京东华门外在正月初八到十八形成灯市。不少诗作记录下灯市之盛况："东掖门东灯市开，千官万姓拥尘灰"[4]，"贵贱相沓，贫富相易贸"[5]。灯市成为一个不分贵贱、官民

---

[1] 金受申：《老北京的生活》，香港：香港繁荣出版社，1990年，第78页。

[2] 肖复兴：《冰窖胡同——连地珠市口，人在玉壶心》，骆玉兰主编《胡同寻故》，北京出版社，2010年。

[3] （明）孙国敉：《燕都游览志》，引自北京市东城区园林局汇纂：《北京庙会史料通考》，北京：北京燕山出版社，2002年，第83页。

[4] （明）徐颖：《灯市词》，引自北京市东城区园林局汇纂：《北京庙会史料通考》，北京：北京燕山出版社，2002年，第83页。

[5] （明）刘侗、于奕正：《帝京景物略·春场》，引自北京市东城区园林局汇纂：《北京庙会史料通考》，北京：北京燕山出版社，2002年，第87页。

▷ 图 1-47

上：《北平市最新详细全图，1930年》

下：冰窖胡同，今名冰窖斜街

［美国国会图书馆收藏，Beiping Wen Ya She. Beiping Shi zui xin xiang xi quan tu.（Beijing: Beiping wen ya she fa xing, Minguo 19, 1930）Map. Retrieved from the Library of Congress, <www.loc.gov/item/2006458554/>.］

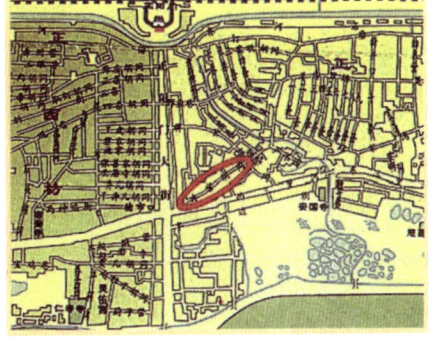
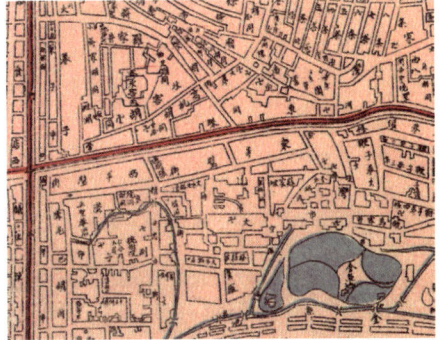

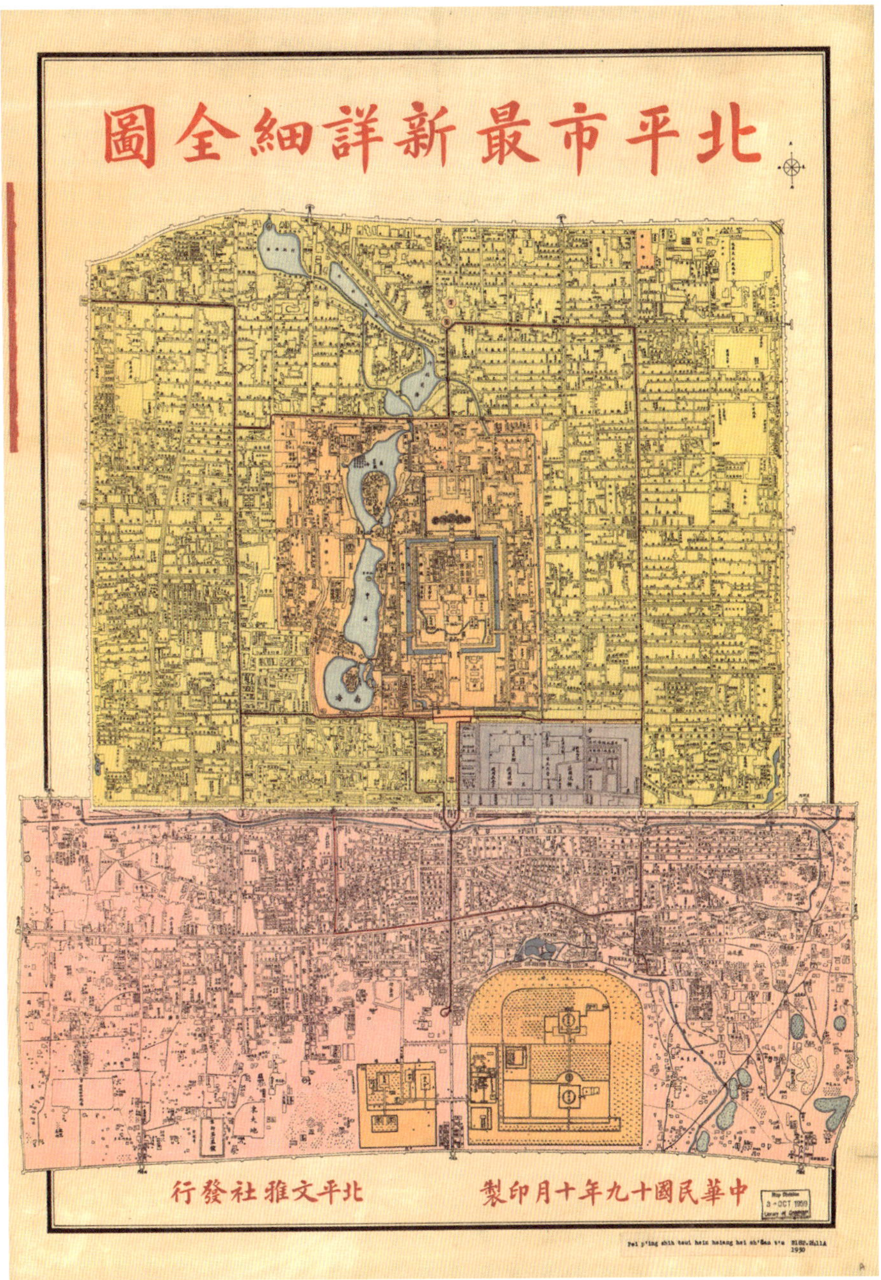

第一章　民国时期的冰雪文化与社会转型

◀ 图1-48
民国时期北平的冰灯
（Photograph by Hedda Morrison, Four ice lanterns sculpted in the form of human figures, President and Fellows of Harvard College, Harvard-Yenching Library, USA）

同乐的空间。到清代灯市移到正阳门外、琉璃厂等处，据民国时人记载，清代上元节花灯分三个时期：康雍乾三朝"与臣民共为宴乐"的"放官灯"时期；嘉庆至光绪时，曾大盛天下的放官灯盛况演变为皇家私灯，民间富庶日久进入"自由放灯"时期，有"衙灯""场火""庙灯""铺灯"四种；民国以来则进入"以电代烛"时期，仅留庙灯与铺灯。[1]

在民间自由放灯之后，民间店铺为招揽生意而争奇斗艳，冰灯成为其中"最奇巧者"。清光绪年间，京官夏仁虎在他撰写的笔记《旧京琐记》里记载了北京的冰灯："正月之灯向集于前门内之六部，曰六部灯，以工部为最。有冰灯，镂冰为之，飞走百态，穷极工巧。"光绪年间，富察敦崇在《燕京岁时记》之"灯节"一条中写道："市人之巧者，又复结冰为器，栽麦苗为人物，华而不侈，朴而不俗，殊可观也。"让廉在《京都风俗志》中写道："最奇巧者为冰灯，以冰琢成人物、花鸟、虫兽等相。冰以药固之，日久不消，雕刻玲珑，观者嘉赏。"《春明岁时琐记》一书中有关于"冰灯"记载："最奇巧者为冰灯，以冰琢成人物、花鸟鱼虫兽状，像冰，以药固之，日久不消，雕刻玲珑，观者嘉赏。"《民社北平指南》中有："以冰冻成山石、人

1　佚名：《清代上元节追记》，《南北（北平）》1947年第8期。

△ 图 1-49 民国时期一家冰灯店的伙计及其制作的冰灯

(Photograph by Hedda Morrison, Interior of an ice lantern shop showing a group of men, dragon figures, and an ice lantern in the form of a human figure, President and Fellows of Harvard College, Harvard–Yenching Library, USA; Photograph by Hedda Morrison, Shop interior showing ice lanterns and other figures, President and Fellows of Harvard College, Harvard–Yenching Library, USA)

▲ 图1-50 北平冰灯店内制作的冰灯和人物雏形

(Photograph by Hedda Morrison, Ice lantern sculpted in the form of a human figure, President and Fellows of Harvard College, Harvard-Yenching Library, USA. https://www.hpcbristol.net/visual/hv24-053; Photograph by Hedda Morrison, Male and female figures in an ice lantern shop, President and Fellows of Harvard College, Harvard-Yenching Library, USA; Photograph by Hedda Morrison, Three figures in an ice lantern shop, President and Fellows of Harvard College, Harvard-Yenching Library, USA)

物、楼阁、瓜果等，燃灯于中空处，曰冰灯。"[1] 金受申曾描述民国的灯市与冰灯的时代变迁：

> 商店旧时以饽饽铺善挂灯，有全部《三国志》《聊斋》《水浒》《列国》《红楼梦》等精致美巧的方灯。干果子铺（昔称倒装铺，今称南货店）的山西老板善做冰灯。有麦龙灯、各式冰灯。前十年隆福寺街冰灯尚有名，近年只剩鼓楼前小门姜店一家。近年前门外各大布店亦竞制新灯，以广招徕，有时还能利用机关造成"鹊桥相会"的活动灯，可谓灯的革新了。我在民国十年前后，每到上元夜饭后，必邀二三好友步行往游积水潭，冰上望月，归来后门观灯，由皇城根经宽街到隆福寺看冰灯。[2]

从明代以来民间灯市的冰灯，到清代纳入皇家象征与民同乐的"放官灯"仪式，再到清代中后期以来民间的争奇斗艳，民国时期冰

▶ 图 1-51
北京中山公园的冰灯
左：财神冰灯（摄影者及拍摄时间不详，华北交通数据库，照片ID：3902-005953-0）
右：佛像冰灯（摄影者及拍摄时间不详，华北交通数据库，照片ID：3902-000189-1）

1　李家瑞编：《北平风俗类征（上册）》，上海：商务印书馆，1937年，第5页。
2　金受申：《老北京的生活》，香港：香港繁荣出版社，1990年，第149页。

灯的衰落与灯市革新，可以看到大众文化随时代而演变的脉络，而贯穿始终的是精英与大众、国家与民间围绕灯市和冰灯的密切互动。

在未曾经历工业革命的中国，民间的大众文化与精英文化从未截然二分。从冰灯的例子来看，作为正月灯节的岁时民俗确实"为民喜闻乐见"，不是完全"民有、民享"，历代官宦士大夫不惜笔墨记述民间灯市中的冰灯制作与形态，清廷亦参与上元放灯的民间风俗，以至民间自由放灯时仍以经典戏剧和评书内容来制作各式冰灯，甚至到1937年仍有文章写道："循着皇家在上元节与百姓共赏花灯的习惯，旧都的新年元宵的花灯仍然是伟大的盛举。"[1] 围绕冰灯的冰雪大众文化体现了中国历史上国家与民众共嬉、雅俗共赏的文化特点，也为我们反思大众文化理论提供了鲜活的历史资料。

---

[1] 老兰：《元宵夜闹花灯》，《国讯》1937年第157期。

第二章
民国时期冰雪大众文化

近代以来，随着西方现代文化进入中国，都市成为多元文化碰撞与交汇的空间。伴随着东方与西方、传统与现代、国家与民众的文化张力，人们"现代着"新的日常生活，表现之一便是20世纪20年代以来风靡北平的冰雪大众文化。

翻开民国时期的报纸杂志，关于溜冰的花边新闻、溜冰化装舞会，西方的溜冰技法，无论文字与照片都十分丰富，从市井小民到社会精英都乐在其中，令人感受到溜冰的"狂热空气"。

△ 图 2-1 1928 年燕京大学化装溜冰大会全体合影
（林悦明 摄影，《晨报星期画报》1928 年第 3 卷第 116 期）

SPORT OF SKATING
北方都市特有之遊戲
溜冰樂

高梅麗女士之溜冰裝束
Miss Kao Mei-li

北平溜冰熱度極高此為冰上賽跑之一瞥
Race in skating.

冰床為小孩冬日之戶外遊戲
Skating-bed for children.

魏守忠攝

津市運動家張錫鈺溜冰之姿勢
Skating forms of Mr. Chang Hsi-ku, a famous athlete in Tientsin

長旗袍解開一排扭御的溜冰家
A beautiful skating girl.

馬然初女士津市溜冰場冰廠後溜冰男試溜者
A natual skating ground in Tientsin.

倪煥章攝

◁ 图 2-2
1933 年《时代》杂志中大篇幅的溜冰照片与报道
(魏守忠、倪焕章 摄影,《时代》1933 年第 3 卷第 9 期)

报纸上,社会新闻版的刊载尽是溜冰场上花花絮絮的软性新闻,附刊上文艺版内,也添载起来初学滑冰的技术练习法,和诸般溜冰的新花样。……各学校里,中等而至大学,差不多都也附设上私家团体的溜冰场,一任学生、先生们去自由消遣,自由练习。凡百街市处所,目中所见,无一不是肩挂溜冰刀鞋的男女,耳中所闻,无一不是溜冰场上的轶事趣闻,洋洋洒洒,似火如荼。整个的北京古城,全给着溜冰的狂热空气所笼罩,不能不说一声"猗欤盛哉"了。[1]

由溜冰带来的冰雪流行文化,掀起了公园、商场、大众传媒等一系列新兴城市公共空间的热闹氛围,带来了服饰、消费、社交等一系列都市生活方式的变化,呈现出如火如荼的都市现代化景观。那么,溜冰的"猗欤盛哉"是如何发生的?大众流行的冰雪文化在中国社会的现代化进程中扮演了怎样的角色?这些"文化大众"又拥有怎样的实践逻辑?通过民国时期北平的冰雪大众文化,可以理解其生成的动力机制,理解大众文化与民国社会文化秩序变迁之间的关联。

▷ 图 2-3
中山公园后河冰场
(《北京日报》主编:《旧京图说(下)》,北京日报出版社,2016 年,第 192 页)
民国年间,中山公园北门可直通故宫筒子河,冬天这里开辟为冰场,成为京城百姓的游乐之处

---

[1] 李蕙风:《大众情人》(连载小说),《全家福》1942 年第 4 卷第 1 期。

关于大众文化，最早关注这一现象的利维斯（F. R. Leavis）对其持批判态度，认为随工业革命兴起的工人阶级及其创造的通俗娱乐的大众文化破坏了精英阶层主导的古典高雅文化，带来"感受性分离"和社会秩序的混乱。[1] 法兰克福学派也批判大众文化以其虚假性、批量化和意识形态化成为资本主义奴役大众的工具，使作为消费者的大众在接受服务的同时将主体性消解殆尽。[2] 与之对立的是大众文化平民理论，以威廉斯（R. Williams）等人为代表的英国伯明翰学派和法国年鉴学派，认为大众的含义是"民有、民享，为民喜闻乐见"[3]。伯明翰学派（The Birmingham School）站在平民立场上批判精英主义，反对文化的雅俗之分，发展出"文化主义"（culturalism）理论，主张研究普通人的日常文化，认可大众文化的存在并由其探究后面的社会动因。而以葛兰西（Antonio Gramsci）为代表的大众文化霸权（cultural hegemony）理论则认为，人民大众对于"主要统治集团强加给社会生活的总方向给予的'自发的'首肯"，强调文化霸权使大众同化到统治阶级的意识形态中，是由国家与社会共同协商达成的。[4] 霍尔（Stuart Hall）和本尼特（Tony Bennett）为代表的后马克思主义学者认为大众文化并非统治精英自上而下灌输的庸俗文化，也不是民众创造的独立、反抗的文化，大众文化是文化权力和统治关系的角力场，焦点在于文化间的关系和霸权问题。[5]

---

[1] Leavis, F. R., and Denys Thompson. *Culture and Environment: The Training of Critical Awareness*. London: Chatto & Windus, 1933; *Education and the university*. London: Chatto & Wintus, 1943.

[2] Theodor W. Adorno. *The Culture Industry*. London and New York: Routledge Press, 2001. p.98；马克斯·霍克海默、西奥多·阿道尔诺：《启蒙辩证法——哲学断片》，渠敬东、曹卫东译，上海：上海人民出版社，2006年。

[3] 威廉斯：《文化与社会关键词》，参见陆扬、王毅选编：《大众文化研究》，上海：上海三联书店，2001年，第8页。

[4] 安东尼奥·葛兰西：《狱中札记》，曹雷雨等译，北京：中国社会科学出版社，2000年，第7-8页。

[5] 斯图尔特·霍尔：《解构"大众"笔记》，陆扬、王毅编《大众文化研究》，上海：上海三联书店，2001年，第48、51页。

在未曾经历工业革命、资本主义发展的中国，在一个与西方文化碰撞、传统与现代交汇、国家与民众区隔的时代中，北平的冰雪大众文化显示出上述两两之间张力的共融，成为化解上述二分的文化空间。它既不能归于资本主义下大众文化批判的视角来理解，也难以将其归为消费主义下的功利行为；它既具有对传统社会的某些反叛和对平民"大众"压抑的释放，又是一批传统社会精英的文化"时髦"空间，将西方新的文化纳入民族主义的话语之中。正如霍尔在大众文化与社会变革的讨论中认为的："转型"是大众文化的核心，大众文化是转型发生作用的基础，因为它触及大众生活的中心。[1]围绕冰雪建构起来的"文化大众"和大众文化，承载了文化并接与交融的社会仪式过程，促进了走向现代新秩序的文化吸引和转型作用。

第一节　无问西东：西风东渐的文化具身性

北平在20世纪20年代开始兴起的溜冰新潮是在中西方文化冲突碰撞中形成的。"清季中国士人仍以文野分华夷，自视为'天下'文化中心，而视洋人为'夷狄'，到后来主动承认西方为文明，从'师夷长技'到承认其为'西人'，……'西潮'渐成'中国'之一部分。"[2]北平的大众冰上文化将西方现代性通过溜冰活动具身性（embodiment）落地中国，却显示出并非冲突的文化共融：在溜冰热的过程中，身体成为东西方文化的表达主体，国家、精英和民众不分彼此地位而活跃于冰上，本土化的"中国的西方"身体观念也在冰雪文化中产生。

华北的冰上活动自金、元流传而来，在民间以冰床等游乐活动

---

[1] 斯图亚特·霍尔：《解构"大众"笔记》，陆扬、王毅编《大众文化研究》，上海：上海三联书店，2001年，第42页。

[2] 罗志田：《变动时代的文化履迹》，上海：复旦大学出版社，2010年，第23–24页。

为主。[1] 19世纪中后期，北京民间流行起一种自制的溜冰鞋——"凌鞋"，先制作两厘米厚的木质鞋板，鞋板底部镶嵌上铁条，在鞋板侧面用钉子钉上若干根皮带。溜冰者穿上合脚的布鞋后踏在木板上，用皮带把布鞋连同脚踝绑结实，即可起身溜冰。[2]

曾有人描述过老北京的溜冰：

> 民间的溜冰，也没有冰鞋，更没有冰场，只在鞋上绑一木板，板上安两根大铁条，平民的冰鞋，便已完成，甚至穿着老头乐的毛窝，也可以冰上一逞雄姿的。以往的溜冰，不注意短跑和表演技术，虽然有时来个"苏秦背剑""金鸡独立""凤凰单展翅"的花招，但没人看得重，也没有化装表演。所擅长的，便是长跑，有时二十八英里竞赛，顷刻便来得来回的。有些人要表演他的长跑，便脚上绑上木板，由朝阳门起码，顺着通惠河，立刻溜到通州，买上几个糖火烧，来上一罐酱豆腐，马上回京。……至于冰床，更有趣味，冬天的护城河、什刹海，岸旁常放着许多冰床招揽乘客，在新年正月，坐着冰床，驰骋冰上，虽不用足溜，也很有意思。前几年，我每到正二月，常在一溜胡同广庆轩听杨云清说《水浒》，傍晚散书，由银锭桥到德胜门，坐一个来回冰床，然后地安桥喝上二两白干，也是闲适有趣的。[3]

可见老北平的传统溜冰既没有西方现代冰刀技术，也非精英运动，溜冰或拉冰床的多是底层民众，而稍有财力或地位的人则是冰床的消费者，坐享冰上的乐趣。

△ 图 2-4
民国时期的简易冰鞋
(Photographed by Hedda Morrison, Ice *Skater Holding Skates at Beihai Lake*, President and Fellows of Harvard College, Harvard-Yenching Library, USA)

---

1 韩丹：《论我国古代滑冰的鼎盛时代——说清代的"冰嬉"（上）》，《冰雪运动》1997年第4期。
2 李乐乐：《图说老北京人"冰上走"的乐事》，《北京日报》2013年2月5日。
3 金受申：《老北京的生活》，北京：北京出版社，1989年，第59—61页。

▷ 图 2-5

穿简易冰鞋溜冰图（金受申：《老北京的生活》，北京：北京出版社，1989年，第60页）

▷ 图 2-6

拉冰床图（清代民间艺人所绘，《北京民间风俗百图·国家图书馆珍藏绘本》第九九图，北京：北京图书馆出版社，2003年）

此中國拉氷床之圖也京都城根護城河冬天凍氷時其人以木做成床下按鐵條二根在河內故有來往人生之其人以繩拉之行走一同三里之遙每人給錢三百文

△ 图 2-7　北京护城河上的冰床

(*The Streets of Peking* 中的插图, 1899, Cornell University Library)

△ 图 2-8　拉冰床的人

[（甘博 (Sidney D. Gamble) 摄影, 1924—1927年, 北京,《甘博摄影集》第五辑, 第288页）]

▷ 图 2-9　北京的护城河上冰床

［托马斯（Thomas Child）摄影，19世纪70年代，《北京日报》主编:《旧京图说（下）》，北京日报出版社，2016年，第193页］

▽ 图 2-10　北平通州运河上的冰床和乘客

（Visitors and paitse at the Tomb of Princess, Tongzhou Canal, Beijing, Photographed by William Cooper, 1911—1915, 2017 Historical Photographs of China, University of Bristol Library, Special Collections）

民国时期的冰雪文化

◀ 图2-11 民国画师刘延年绘制的《拖床冰嬉》

（[日]青木正儿编，内田道夫解说，张小钢译《北京风俗图谱》，北京：东方出版社，2019年）

民国初年，日本著名汉学家青木正儿游学北京，在街头巷尾见到了对他而言新鲜的北京风俗，他延请民国著名画师刘延年等绘制了117幅风俗图片，意为留存珍贵资料，图片收藏于日本东北大学。因缘巧合，著名汉学考据家内田道夫发现了这批珍贵的图片，为这些图片中的风俗做了文字解说：

"冬至后，什刹海、二闸抑或是护城河等地，冰床开始登场。冰床是冬天附近的工人们开始从银锭桥到德胜门大约一里半的距离运送客人的工具，可以坐四五个人，运费很便宜。冰床长约五尺，宽约三尺，床脚的底部装有铁条，系上结实的绳子，由纤夫来拉。滑动起来后，纤夫也跳坐在床边，快要停下来不滑动的时候，纤夫就跳下来再拉。贵族们则在宫中的冰上滑冰床玩。皇帝用的冰床的上部装有帘子，里面铺有黑貂皮，外面包着黄色的织锦。滑冰开始流行以后，冰床就几乎销声匿迹了。"

▲ 图2-12 清朝御用铁艺滑冰车移至南海公园改为民用

（蒋汉澄 摄影，1929年，http://zhaojunyi.blog.siyuefeng.com/article/11856）

△ 图 2-13 《月报》上介绍美国的溜冰（《月报》1881 年第 7 卷第 3 期）

1870 年，美国的海恩斯发明了溜冰鞋并迅速风靡欧美。1881 年，由美国传教士在上海创办的《月报》第一次将西式溜冰介绍到中国，在一篇图文并茂的文章中介绍美国人"穿冰鞋于冰上溜行，小孩亦手携冰床，拖曳为乐"[1]。此后，欧美人士开始在天津、北京开设冰场，溜冰鞋也随之传入中国。但这些溜冰场入场票价不菲，且进口溜冰鞋价格昂贵，作为一种奢侈的游戏多为洋人消费娱乐。直到民国初期，国内可以生产溜冰鞋的皮鞋，只需配上一副进口的冰刀，中西合璧的新式溜冰鞋为西式溜冰进入大众日常生活打下基础。[2]

在清末以来西风东渐的社会背景下，西式溜冰的传入与流行如同一颗石子投入大众生活的湖中，以其携带的西方现代性象征意义改变了人们对溜冰作为代步工具的认知，引导人们在溜冰中感受"健美"的身体：

1　佚名：《溜冰》，《月报》1881 年第 7 卷第 3 期。

2　赵俊毅：《民国时期的冰上摄影》，2016 年 7 月 5 日，http://zhaojunyi.blog.siyuefeng.com/article/11856。

△ 图 2-14
左：背后绘有心脏、身体、头骨的服装（蒋汉澄 摄影，《图画时报》1929 年第 537 期）
右：绘有人体骨骼的服装（张建文 摄影，《图画时报》1931 年第 742 期）

（1）滑冰的时候，身是动的，心是静的，人好像在空中飞舞。（2）这种运动，能促进康健的思想和意识。（3）这能使混乱不清的神经，得着完美的休息。（4）这能使用脑过度的人们得着休养的机会。（5）这是忙碌终日后的唯一善良游戏。（6）这是发展腿部和脚部最好的练习。（7）这能发展一个人平衡性的各种活动。（8）这可帮助人们有良好的判断力。（9）这是最兴奋和有趣的运动。（10）这是老少男女都能玩的运动。[1]

这是时人归纳的溜冰十大益处。在民国时期关于溜冰的文章中，一大部分都在介绍溜冰对强身健体的种种意义，引导着人们在溜冰活动中感知一个西方生理学知识体系中的身体，如上述的"混乱不清的神经"得到休息，"用脑过度的人们"得到休养，锻炼肌肉、心肺，等等。

---

[1] 李濂铿：《说溜冰之趣味》，《体育周报》1932 年第 2 期。

而且溜冰以强身健体的名义，成为"唯一善良游戏""老少男女都能玩的运动"，打破长幼、男女尊卑界限，向所有人开放了一个共融的身体展示与体验的场域：

> 都市里的洋玩意，公子哥儿和小姐都喜好，溜冰因为这是洋调调儿，当然也就欢迎。在都市一天一天的现代化的今日，当然这种"文明"也就越发的出风头。……多愁善感、弱不胜衣的小姐，白面书生的公子可以说是过去的都落伍了，洋文明男女都要"健美"，冬季滑雪溜冰是健美的一种生活，于是溜冰乃在我国兴焉。[1]

> 我不会溜冰，我更溜不起冰，不能享受"溜"的趣味，我却喜欢旁观。冰上运动会那天，我看见那些冰上健儿健女，窈窕的身子一展，悠然溜去好远，金铃般的笑声，飘逸的姿态，轻轻而去，姗姗而来，人影刀光，冰光鞋影，恐怕是当代极负盛名的画家，也难描摹其美健的姿态于万一吧！溜冰实在是一种美的运动，实是青年精神的一副振奋剂。[2]

可见，在政府和社会精英的倡导下，无论是溜冰者或旁观者都在溜冰场上对"健美"的身体观念产生了认同。溜冰场上，无论是"公子哥儿和小姐"还是"溜不起冰"的平头百姓，很直观地将"弱不胜衣""白面书生"视作过时的、落后的身体，而西方"健美"的身体作为"文明"的表征成为都市中的主流。这与林语堂在《吾国吾民》中批评国民缺乏西方健壮体魄追求的语言如出一辙。[3]

1925年，北海公园开放，12月1日，游船商人呈请在北海北端开设溜冰场，几天后漪澜堂餐馆也在漪澜堂码头开设溜冰场。1926年1月9日，漪澜堂餐馆申请在1月31日开办"万国化装溜冰大

---

[1] 老姜：《溜冰和享乐》，《天津商报每日画刊》1936年第22卷第5期。

[2] 蕊蒂：《美的溜冰》，《中华周刊》1945年第2卷第6期。

[3] 详见林语堂：《吾国吾民》，北京：中国戏剧出版社，1990年。

▲ 图 2-15 冰上的健美女性

左：永宝珍女士在天津北宁滑冰场做花样滑冰表演（安国霖 摄影，1935 年，http://zhaojunyi.blog.siyuefeng.com/article/11856）

右："冰场上风头最健之许宝玲与周惠铃"（景薪樵 摄影，《北平市第二届化装溜冰会之形形色色》，《风月画报》1937 年第 9 卷第 44 期）

会"，将原冰场展宽，四周围上芦席，里面再围一圈短席墙，中央是溜冰场，短墙外是参观席，南面设评委席及化装室、更衣室数间，北面设乐台。[1] 这是一个东西方文化并接的创举：倡办人文实权，"自幼便习滑冰，十二岁时曾在慈禧皇太后、光绪皇帝驾前，恭备冰嬉之差"[2]；而"化装溜冰"的活动形式此前是属于使馆内的娱乐。[3] 北海作为皇家禁苑的象征意义加上化装溜冰的新奇，吸引了众多参与者与观众，掀起溜冰热潮。

> ……北海漪澜堂前，举行化装溜冰大会，观者数千人，比赛人数达一百三十余人。中外男女各半，怪装异饰，无奇不有，或捉襟见肘，或腰大盈丈，更有西妇九人饰马牛羊兔之属，观者无不捧腹。最奇者，饰"火锅""白菜""莲花""蝴蝶""汽船""印度妇人"，等等，使人绝倒。是日先举行

---

[1] 林峥：《北海公园：现代美育空间的建构》，《北京观察》2016 年第 9 期。

[2] 文实权：《滑冰为我国固有：昔慈禧太后曾命办大规模冰嬉》，《新民报半月刊》1942 年第 4 卷第 7 期。

[3] 郭磊：《北海公园冰上盛装首秀 化装溜冰大会展风采》，《中国体育报》2019 年 1 月 8 日。

△ 图2-16 北海化装溜冰大会

(《晨报星期画报》1926年第1卷第22期)

跳舞，次为各项竞走，三时开会，至五时半分，则给予奖品尽欢而散。如斯盛会，实为北京历年来冬令所未有……[1]

在溜冰场上，中外男女共同游戏，拉近彼此的文化距离。各报纸杂志都刊登着化装溜冰者的照片，腰围直径五六尺的"北京铜炉火锅"、比人高出半身的"大白菜"、头戴蒙面盔甲的"击剑壮士"与穿鱼鳞服的女士、穿小丑服饰的外国人等活动在同一冰场上，并二次传播给未到场的报刊读者。此后每年冬季，化妆溜冰会成为各冰场必办的活动，涌现出一大批刺激眼球的形象。通常报刊会刊登获奖者的近照及注释其所扮演的角色。以下整理了当时国人在报刊中留下的化装形象：

本土元素：披发鬼、孙悟空、罪犯、黑白无常、警察与犯人（身上写"游冰示众"）、戏曲丑角、小沙弥、算命先生、蒙古大侠、村姑、小贩、东北僭帝之傀儡溥仪、朝服红顶之清朝官吏、拾垃圾人、清道夫、厨役、仙女、蚌精、玉兔、银蝶、哪吒。

西方元素：持剑骑士、印第安人、雄舞女、胶皮人（米其林轮胎先生）、修女、非洲黑人、十六世纪服装（圣诞老人帽）、黑袍巫师、蒙面侠客、3K党、滑稽小丑、爱神、公主、花神、牧童、西式长蓬裙、洋教授、骷髅、蝙蝠侠、泰西古装、红头巾的印度人、租界警察、米老鼠。

还有一些混合的元素：如"绿色怪人"（京剧脸谱胡子，树叶裙蔽下体）、"半男女人"等。化装溜冰的参与者对中西、传统与当代的文化都有着相当了解。服饰灵感来源既有东西方的神话传说，亦有当下的社会百态，甚至有商品广告，如法国自行车轮胎工厂在1894年创造的"米其林轮胎先生"。

---

1 佚名：《北海化装溜冰大会记》，《晨报星期画报》1926年第1卷第22期。

▲ 图 2-17　北海公园化装溜冰大会

（蒋汉澄 摄影，《图画时报》1929 年第 537 期）

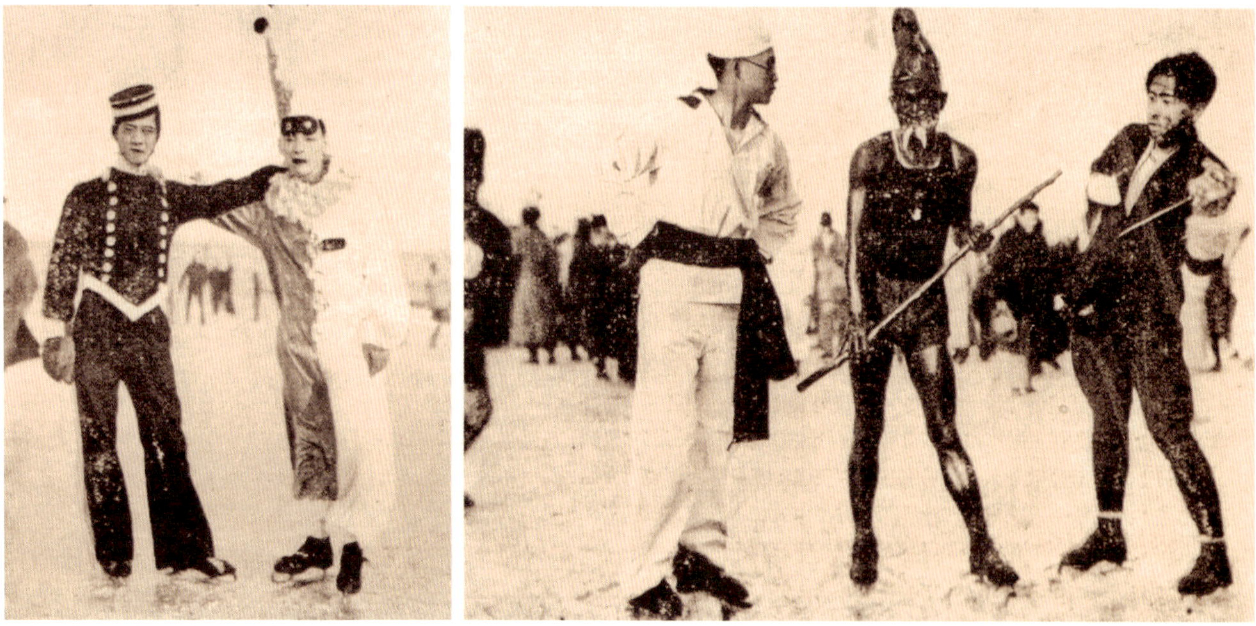

▲ 图 2-18　南海公园化装溜冰大会

（李尧生 摄影，《文华》1931 年第 18 期）

△ 图2-19 中南海溜冰会

(李尧生 摄影,《北洋画报》1932年第15卷第734期)

加上溜冰场上西式音乐、万国国旗、社交礼仪等，人们在冰场上目之所及、耳之所闻、身之所处皆是西方现代化的景观。以至于有人直言："当我们置身于冰场中的时候，我们是满足的，因为出现在眼前的是活跃的青春，活跃的健康和炫目的富足。"[1]

尽管冰上呈现着多元文化的共融，但仍能从溜冰者及其所扮演之形象中看到东西方互动中的文化秩序：着西方上层男女服饰均是展现其或勇武或优雅的正面形象，而"傀儡溥仪""清朝官吏""非洲黑人""印第安人""印度人""清朝服饰"则以怪诞形象出现；扮演底层劳动群体时，"西方小丑""牧童""挤牛奶少女""黑衣盗"的形象或天真可爱或优雅帅气，中国新兴职业群体（警察、清道夫）则亦庄亦谐，而"中国老妈子""赌徒"则丑态毕现。服饰上充分体现出"西方的中国人"的文化价值观念。特纳曾指出："那些在结构中处于低下地位的人，在仪式中会追求象征意义上的高位；而那些在结构中处于较高地位的人，会在仪式中追求象征意义上的交融

---

[1] 剑:《杂感·冰场风景》,《真理评论》1936年第2期。

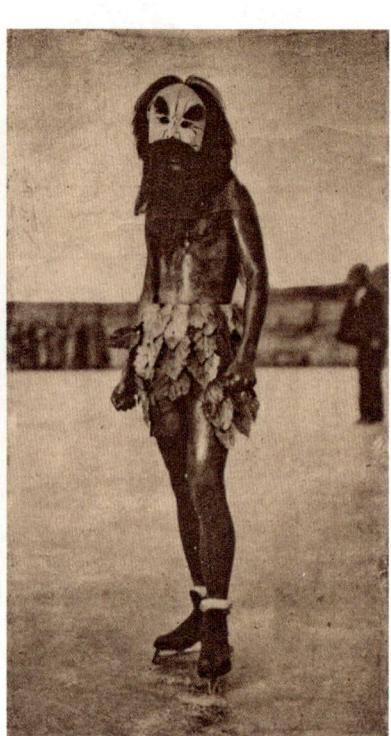

△ 图 2-20　北平化装溜冰会（金宗宪 摄影，《良友》1933 年第 73 期）

△ 图 2-21

左：化装溜冰的中外学生（周振勇 摄影，1930 年，http://zhaojunyi.blog.siyuefeng.com/article/11856）

右：化装溜冰的两个女孩子（蒋汉澄 摄影，1930 年，http://zhaojunyi.blog.siyuefeng.com/article/11856）

（communitas），即使历经磨难，也在所不惜。"[1]化装溜冰的文化仪式空间中，充满了这样的"错位组合"：

>……该会会长为漪澜堂主人，备有各种奖品，以赠优胜之运动家。前三奖之代价，自数十元至十余元不等，稍次者则给以文房用具，借助兴趣。评判员由外人充任，男女分组，俾有区别云。
>
>比赛结果，男子中之得首奖者为一外人，头戴翎帽，身穿朝服，俨然一清时代之大员。不过碧眼高鼻，仍带白种面目耳。第二、三名均华人，一为梁某，化装极似阿拉伯人；任某则扮成印度人，人多目为印度皇太子。女界中有唐夫人得首奖，通体穿奇异灿烂之服，往来冰上，艺术甚熟。远望之恍如一高立之雄鸡。其化装之趣，诚匪夷所思。次为德人罗司女士，挽发穿旗服，作一满族少妇，长身玉立，极受观众注目。赛毕摄一小影，尽欢而散。并闻漪澜堂主人，于新正初五开第二次赛会，不知太液池，其况又复何如也。[2]

冰场主人请外国人担任评委，评奖结果仍是西方现代文化的标准。西方男女获奖者均以着清朝服饰得奖；中国男女获奖者却以扮演阿拉伯人、印度人或着奇异服装得奖。这一交错的文化表征在一定程度上满足了中国文化的自尊心，同时也强化了西方优越的观念。这是一个新的文化意义的建构过程，正如建构主义思想家巴特（R. Barthes）在服饰流行文化研究中对服饰建构深层文化意义的强调："激起欲望的是名而不是物，卖的不是梦想而是意义。"[3]

---

[1] ［英］维克多·特纳：《仪式过程结构与反结构》，黄剑波、柳博赟译，北京：中国人民大学出版社，2006年，第206页。

[2] 履冰：《记北京之溜冰大会》，《新闻报》1927年2月9日。

[3] 罗兰·巴特：《流行体系：符号学与服饰符码·前言》，敖军译，上海：上海人民出版社，2000年，第4页。

△ 图2-22 北海化装溜冰大会（《图画时报》1931年第732期）

胡缨曾通过清末民初的翻译小说及翻译实践的研究指出："建构'自身'文化总是一个观看他人眼中之自我的过程，而建构'另一文化'则又难免要'根据'自身来观看他人。"[1] 化装溜冰会提供了一个自我与他人、东方与西方互相展示、互相观看的仪式空间，身体及其衣着打扮作为直观的媒介，以其视觉效果（优雅－丑陋）和评审标准而赋予了其表征的东西方文化以优劣、高低的地位。从而使中国人以具身的方式在溜冰中参与到文化秩序的转变中，进一步将西方现代的文化秩序做到自己身上。由此，西方现代的价值体系得以从知识分子的思想论争，进入所有民众日常生活中对身体的理解与感受中，也在溜冰活动中具身地体认西方中心的文化秩序。

---

1 胡缨：《翻译的传说中国——新女性的形成（1898—1918）》，龙瑜宬、彭姗姗译，南京：江苏人民出版社，2009年，第15页。

▲ 图 2-23　北海公园化装溜冰大会（蒋汉澄 摄影，《图画时报》1929年第537期）

第二节　传统的现代：冰场内外的情性释放

五四运动前后，是立足于传统接受现代性还是用现代取代传统的两种选择之分野。当时"碰到的问题已不是移用西学、西政就可以解决的，基本上是要以西方现代化来代替中国旧的文化，这就是'五四'新文化的基本意义"[1]。与之不同，林毓生则通过反思"五四"，提出现代性是从传统中（而不是由消灭传统）而生的。[2] 类似的，王笛认为多元融合且内涵丰富的明清民间文化一直延伸到近代，在社会动荡中形塑了近代的大众文化：尽管学生在学校里学习中国经典、西方科学和社会知识，而他们仍然以传统礼仪、戏剧表演、宗教仪式来动员大众，发起社会运动。[3] 近代的"新大众"其实一直没有离开过深厚的民间文化传统，亦非按照"传统/现代"的二分模式来思考和行事。如博览会将西方文化带入中国，成为多元主体之间的桥梁：精英意在寓教于乐、社会进步；商人追求经济利益；民众则以"逛庙会"的心态来"找乐子"[4]。特别是家庭革命、妇女解放的文化潮流，一方面将男女间的自由交往、爱情追求和新女性推向社会的公共舞台；另一方面又将现代性融入传统的家庭文化，将传统与现代"共情"于恋情、亲情和感情。这些包含了恋情、亲情和感情的情性，是传统与现代共融的日常机制。

韦伯（M. Weber）曾经提出社会行动的四种决定因素：目的理性、价值理性、情性、约定俗成的传统习惯。[5] 其中第三种，韦伯使用的是德语"affekt"，对应英语"affect"，名词affection（情性），

---

[1] 钱穆：《中国近代思想史上的激进与保守》，见《钱穆与中国文化》，上海：上海远东出版社，1994年，第197–198页。

[2] 林毓生：《中国意识的危机——"五四"时期激烈的反传统主义》，穆善培译，贵阳：贵州人民出版社，1988年。

[3] 王笛：《大众文化研究与近代中国社会——对近年美国有关研究的述评》，《历史研究》1999年第5期。

[4] 马敏：《寓乐于会：近代博览会与大众娱乐》，《史学月刊》2010年第1期。

[5] 马克斯·韦伯：《经济与社会》，北京：商务印书馆，2004年，第56页。

△ 图2-24　北平税专化装溜冰会合影（《图画时报》1930年第634期）

它是一种与理性、感性、习性等并列的驱动人们行动的人性力量。三国刘劭《人物志·九征》有"盖人物之本，出乎情性"。许烺光（Francis Hsu）指出："很久以来，我们沉浸在西方理性时代文化观念中的社会科学家们，错误地将人类角色摆在远远高于情感需求的位置上。他们没有意识到，正是我们的情感模式最终决定我们选择做什么，做得多好，以及在多大程度上享受我们的成果。正如我们前面看到的那样，情感是赋予个人生命意义的源泉。"[1] 从文化秩序层面，情性可以理解为一种带有情感的文化实践，它通常被压抑在主流秩序的边缘，借由爱情、艺术、游戏等边缘秩序表达出来。葛兰西在讨论文艺时曾指出："艺术始终同一定的文化或文明休戚相关，为改革文化而进行的斗争势必导致改变艺术的内容，人们不应当谋求从外部去创立新的艺术，而须从自身开始，因为人的情感、观念和关系一旦改变，作为这一切必然体现者，人自然随之整个地改观。"[2] 在冰雪大众文化的"娱乐仪式"中，可以看到情性如何参与到传统与现代的文化共融之中。

---

[1] 许烺光：《驱逐捣蛋鬼：魔法、科学与文化》，王芄、徐隆德、余伯泉译，台北：南天书局，1997年，第160–161页。

[2] 安东尼奥·葛兰西：《论文学》，吕同六译，北京：人民出版社，1983年，第22页。

△ 图 2-25　写意画作《溜冰》（[法] A. Ougtard,《霞光画报》1929 年第 36 期）

　　近代以来，新文化运动的冲击使得传统大家庭被视为束缚、专制和依赖的代表，而西方小家庭则象征着自由、平等和独立，因此，家庭革命被边缘知识群体视为重建社会秩序的方式，号召青年为国去家、追求爱情。[1] 但是"在一个旧秩序解体、新秩序尚未建立的过渡时代，青年男女或许既无缘享受旧制度的保障，也没有机会体验到新观念所承诺的快乐"。大量青年因对家庭观感的改变、人生意义的价值系统的溃散而处于烦闷、痛苦之中。[2] 在家庭革命的背景之下，溜冰场遂成为青年人追求新风、释放情绪的空间。荷兰学者胡伊青加（Johan Huizinga）曾将游戏提升到人性的高度进行思考，认为游戏与日常生活拉开距离，创造一种具审美性的节律与和谐的秩序——平等、公平在游戏中创生，并成为"真正的酵母，灌注到生活的所有方

---

[1] 赵妍杰:《为了人生幸福：五四时期家庭革命的个体诉求》,《华中师范大学学报》（人文社会科学版）2019 年第 1 期。

[2] 赵妍杰:《烦闷因家庭而生："五四"前后家庭革命的一个情感面向》,《社会科学战线》2020 年第 1 期。

▶ 图 2-26

左：萧淑庄女士化装成"爱神丘比特"（蒋汉澄 摄影，1930年北海化装溜冰大会，http://zhaojunyi.blog.siyuefeng.com/article/11856）

右：燕京大学国文系主任马鉴之女马彬与熊华超（周振勇 摄影，1930年燕大化装溜冰大会，http://zhaojunyi.blog.siyuefeng.com/article/11856）

面"。[1] 在溜冰的"游戏仪式"中，青年男女挣脱了日常秩序的束缚，打破了男女有别、男女授受不亲等伦理观念，释放出人性本真的追求平等、公平的游戏精神。而溜冰中的这种精神正好契合了家庭革命所追求的理想，渴慕以爱情为基础的平等关系。因此，溜冰场成为男女青年社交、自由恋爱的最佳场所，溜冰"对于正在爱情波涛里沉浮着的男女孩子，更是有一种难以描写的幸福"[2]。

《清华周刊》1930年的几则逸事充分展现了清华男生对两性交往的极大兴趣与热情：

> 某男士伺候某女士学溜冰，当她尽兴而去以后，某男士深深得喘了一口气，说："咳！今天比拉洋车还要累。"[3]
>
> 某日，斜阳溜天，人影溜冰，工字厅后，游客正多。有某女士者，性命虽剩半条，清兴不减他人。肩鞋而来，坐于石上，将易履而下场，时有某君者，遥望见之惊喜若狂，如

---

[1] 约翰·胡伊青加：《人：游戏者——对文化中游戏因素的研究》，成穷译，贵阳：贵州人民出版社，1998年，第11–12页、第90页。

[2] 罗欧：《冰光人影》，《沙漠画报》1939年第2卷第3期。

[3] 《清华周刊》"是我闲话"栏目的小短文，1930年第34卷第7期。

获拱璧，疾驰而至，并肩而坐，低声细语，将借以博女士之青睐，庶可以携手而驰骋，殊不知某君殷勤未已，女士鞋已着就，骤然立起，伸手向前，某君愕然为之一惊，及其起立，而女士已如惊鸿之逝，手牵某经理翩然而去，某君悲愤之余，颓然而坐。嗣后，三郎告余曰，直待灯火尽明，游人星散，某君尚守株而坐，未忍归去云。[1]

尽管比拉洋车累仍"伺候"女士尽兴溜冰，"如获拱璧"的男青年百般殷勤，期待着携手驰骋冰场的痴情与求而不得的悲愤，可见男女之间的互动方式正在溜冰场上逐步改变。女性与男性同样拥有自主选择伴侣的权力，在溜冰场上建立起自由平等的关系。

由溜冰场上的男女互动中可见，原本囿于家庭的两性相处被拉到了公开的社会空间中，西方现代爱情文化、两性社交方式被引入作为文化资源，冰雪文化成为一个另类日常生活秩序的实践场域，让青年男女找到平等的位置。福柯（Michel Foucault）曾批评现代化、理性对性的压抑，以及权力话语对性的塑造和约束，认为性成了理性管理和塑造的对象；主张生命政治回归对性的尊重，即创造新的欲望和快乐来重塑身体。[2] 溜冰作为中国文化秩序变革时期具有过渡性的"游戏仪式"，创造了"新的欲望和快乐"，使两性关系打破了权力话语的束缚，呈现出返璞归真的自由与平等。在冰上男女的互动中可以看到，爱情的发生是在溜冰场这样的秩序边缘得以不由自主地产生与表达的：

喚不回么，／姑娘！／青春之／愉悦，／少女的／恋？／星期六下午／冰场，／RADIO 播送／爵士，／荒唐里诉说／柔情／和／梦幻。

---

[1] 顺风耳：《甜言蜜语，伺候小姐换鞋痛快淋漓，坐视渔人得利》，《清华周刊》1930年第34卷第8期。

[2] 米歇尔·福柯：《性经验史》，佘碧平译，上海：上海人民出版社，2005年。

▷ 图 2-27
漫画：Sorry（《安琪儿》溜冰专刊，1930年第14期）

▷ 图 2-28
漫画：灯下溜冰（《安琪儿》溜冰专刊，1930年第14期）

五十只脚跟／一百条／亮，／冰屑里划／圆／曲线，／纤手在握／左／右／并肩。

电炬刺破眸子，／太阳偷偷地溜到／山巅，／悄悄掩来的是／黄昏。

唤不回么，／媚眼？

伊笑，／还有明天。[1]

这首在1933年冬写于北平的诗歌，描述了冰场上青年男女之间朦胧浪漫的爱恋与渴慕。冰场上广播着爵士乐，青年男女携手并肩在冰上划圈，夕阳西下巧目顾盼，溜冰场中的一切参与到浪漫情感的构建中，正契合了青年男女对现代爱情与美的想象。

这种爱情想象在溜冰场与溜冰活动中被一再加强，无论是冰场或报纸经常活跃着青年男女溜冰的美好形象与故事：

> 当年，林海音和夏承楹先生都是滑冰场上的高手。在北海滑冰场上，他俩的姿态飒爽优美，漂亮的冰上舞步使我惊叹佩服，冰场上正在滑冰的青年男女也都驻足观看、赞美鼓掌。[2]

夏承楹是当时的溜冰健将，更因为他与林海音在冰上结成姻缘而传为佳话。无论是诗歌还是真人故事，这些冰上恋曲构建起浪漫的情感想象，不断挑动着年轻男女的心。

在报纸上不时出现青年男女优雅的溜冰照片并配以解说，例如"两人后外刃同时后退，如燕双飞"，"周良彦君右外刃前进，姿势柔美，好像海鸥掠波"，"一个后外刃，一个前进外刃，彼此手脚对握，成交叉十字架"，"任棣生君的飞跃，像鱼跃春水"[3]。以自然的物象来

△ 图2-29
林海音在北海冰场上（1939年，《纵横》2011年第11期）
看雪盖满在桥两边的冰面上，一片白，闪着太阳的微微的金光。漪澜堂到五龙亭的冰面上，正有人穿着冰鞋滑过去，飘逸优美的姿态，年轻同伴的朝气和快乐，觉得虽在冬日，也因这幅雪漫冰面的风景，不由得引发起我活跃的心情，赶快回家去，取了冰鞋也来滑一会儿！（林海音《文津街》）

---

1 陈因：《冰场小景》，《每周文艺》1934年第13期。
2 万慧芬：《回忆林海音旧事片段》，《纵横》2011年第11期。
3 罗欧：《冰光人影》，《沙漠画报》1939年第2卷第3期。

▷ 图 2-30
夏承楹的花样溜冰表演（北平溜冰大会男子高级组花样表演第二名，李尧生 摄影，《中华日报》1934年新年特刊）

▷ 图 2-31
上：任棣生君的飞跃，像鱼跃春水
下：夏承楣、夏承楹兄弟携手作 Waltz 舞
（《沙漠画报》1939年第2卷第3期）

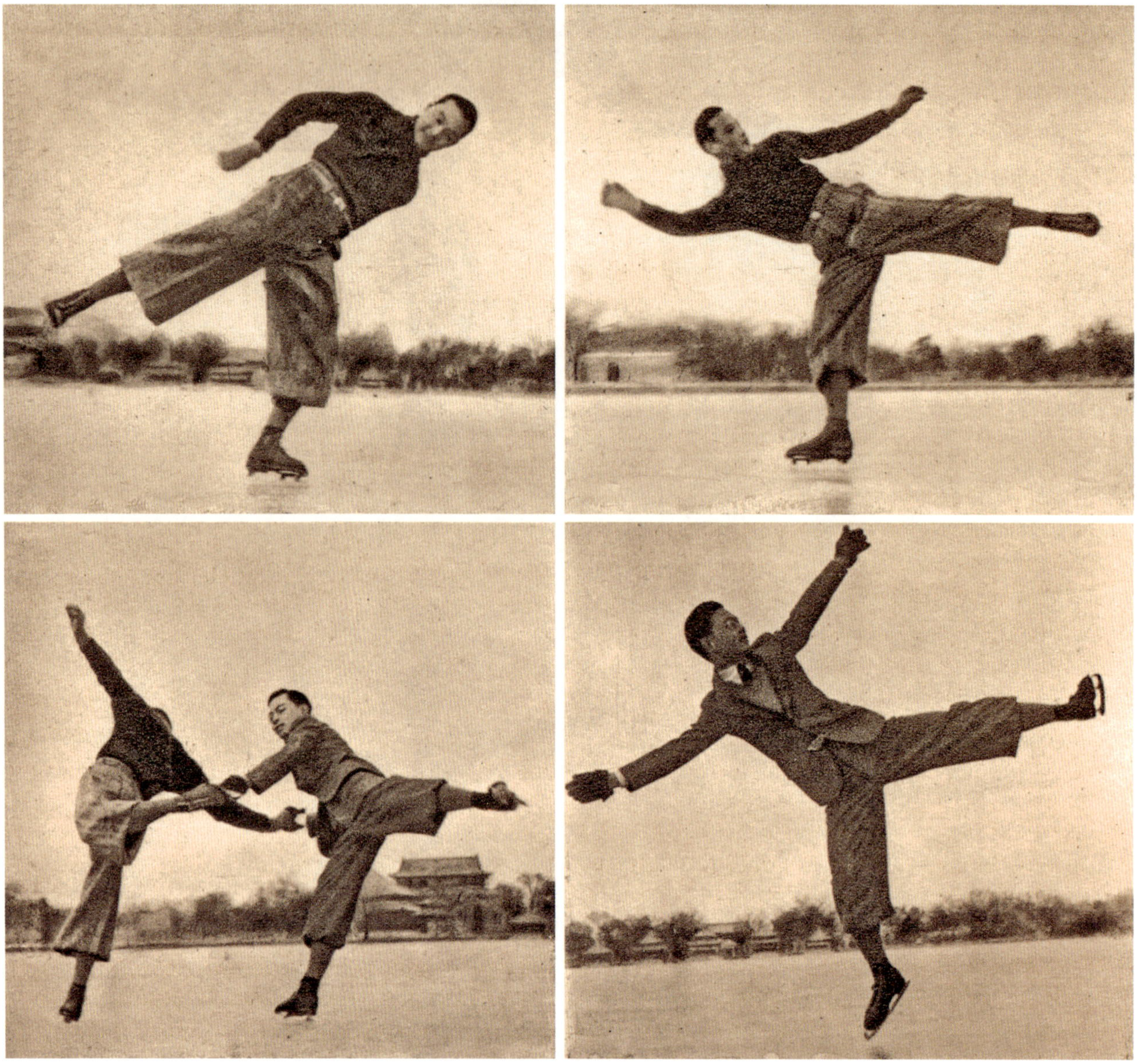

△ 图2-32 夏承楹表演右脚外刃前进，姿势如海鸥掠波（魏守忠 摄影，《良友》1935年第101期）

▶ 图 2-33
1932年天津北宁滑冰场一角
（倪焕章 摄影，http://zhaojunyi.blog.siyuefeng.com/article/11856）

比兴，使旁观者与读报者都能感受到一种共通的超脱社会秩序后的自由，感受一种情性的释放。因此，无论是成长于精英家庭或是平民家庭中的青年都受此吸引：

> 三九严冬，水冻冰坚，冰刀滑过，嘶嘶作响，在冰上滑行，宛如置身水晶宫，飘飘欲仙。[1]

无奈56元一双的冰鞋和35元一件的运动衣，不但穷人买不起，即像这样的人也很难俭节出这一笔款项来。然而我这样想：一个人不能溜冰，难道还不能看溜冰吗？因此溜冰场上常常有了我的踪迹。……我羡慕在严冬时候有这样的一个活跃的场所，我更羡慕冰上的每个人的沸腾的血液。那如刀的北风，似针的寒气，都刺不进他们的皮肤。他们不惜用自己的气力做着各种姿态。他们的脸浮上了绯红色的云，结着粒粒的汗珠，但他们不觉得疲乏，冷更是他们所觉不到的。他们像一匹驰骋的马，像一只玲珑的飞燕，那脚往前一蹬，身子就一束直线似的滑过去了，然后随意把他们轻快的身体

---

1 萧淑芳：《四十年前我画北海白塔》，《紫禁城》1982年第5期。

△ 图2-34 萧淑芳溜冰的身影（吴宁 供图，《良友》1935年第101期）

转动着，在冰上他们各显出他们的技能，享受他们的快乐。[1]

萧淑芳是音乐家萧友梅的侄女，萧氏姐妹从小就是冰上名人，在溜冰场上感受到"置身水晶宫，飘飘欲仙"；而买不起溜冰鞋的人亦能感受到"像一匹驰骋的马，像一只玲珑的飞燕"，感受到冰上的自

---

[1] 第荣：《溜冰季节》，《中央日报》1936年1月17日，第12版。

△ 图2-35 左：萧淑芳女士之溜冰姿势（正曦 摄影，《图画周刊》1935年1月12日）
右：溜冰会中的萧氏姐妹（《大亚画报》1929年第137期）

由以及随之而来的喜悦。在溜冰这个过渡仪式中，无论是冰场上的青年男女还是场外的观众，都毫不吝啬地将中国传统文学中的众多美好意象都赋予到溜冰之中，形成隐喻，这种象征性实践引导着人们在情性层面进入共融状态，西方现代的爱情、自由、平等概念搭载着众多美好的隐喻，被溜冰者和观看者在愉悦的感受中吸收和接受。

正如威廉斯所言，大众文化凭借沟通与传播塑造了特定地域和时代人们的"感觉结构"，人们以不同的方式来感受整个生活。[1] 同样的北平冬日冰上活动，但由于此时整体社会环境中对自由恋爱、女性解放的倡导，塑造出人们对于溜冰、爱情乃至整个生活的"现代"感觉结构。而报纸杂志在这一过程中助推了感觉结构的并接，已有学者指出："对公众探讨的情感以及有理性的公众表达进行分析鉴别，可能帮助我们理解那个时期报纸的两种功能：通过组织公众对现代情感的讨论构建现代主体性；通过讨论创造有理性的公众。"[2] 报纸上刊登大量的冰上爱情与自由快乐的图像与文字，利用溜冰作为文化资源引导公众的情绪感受，引起公众对现代情感的关注，成为青年构建现代主体性的实践。

---

1 雷蒙德·威廉斯：《漫长的革命》，倪伟译，上海：上海人民出版社，2013年，第50–57页。
2 顾德曼：《向公众呼吁：1920年代中国报纸对情感的展示和评判》，见姜进主编：《都市文化中的现代中国》，上海：华东师范大学出版社，2007年，第222页。

△ 图 2-36　溜冰的漫画（《安琪儿》溜冰专刊，1930 年第 14 期；《立言画刊》1938 年第 14 期）

在家庭革命、妇女解放的背景下，青年人对溜冰的喜爱之所以能在普罗大众中流行，是因为在溜冰场上，以往被理性压制的情性被表达出来，积压在内心对自由平等的向往得到释放。而这种边缘性秩序又以西方爱情想象、传统文化中的美好意象作为表征，使释放的情性得以表达与传递，进而在大众文化中消除人与人之间的社会等级区隔，转向相互平等、相互共情的社会关系。可见，在日常生活中，爱情、情感作为情性的一种表达方式获得能量，带动了不同社会阶层的青年共同参与到溜冰中来，进而参与到传统与现代的文化交融和转型之中。

第三节　国民大众：共主体的国家话语

随着中国学习西方现代国家的脚步，一个重要的特点是动员民众参与其中，因而促进了近代国家与民众共主体的本土特征和大众文化空间。有学者以民国时期南京废娼运动为例，论证不顾大众文化的逻辑而强推国家权力往往以失败告终。[1] 与之不同，北平的大众冰雪文化却显现出"国民大众"的特点。

冰嬉曾被定为清朝的"国俗"，后来随着国力日衰而中断。1894年，慈禧太后精心组织了朝廷最后一次冰嬉，有报纸描述了这一盛大活动：

> 京中挑选溜冰鞋之兵丁业已挑拣如数，腊月七日在地安门外什刹海先行操演，教以步作进退行止礼仪。是日，庆邸亲临阅看以觇娴习。两岸观者如堵墙，所有穿着冰鞋之兵，各穿袍褂，戴以官帽，从冰上游行，捷足争先，各献技能……至十三十四两日，奉懿旨驾幸中海太液池秋风亭。懿赏冰鞋之戏，是日在亭外数武插旗数十面，其有能捷足先行拔

---

[1] 陈蕴茜、刘炜：《秦淮空间重构中的国家权力与大众文化——以民国时期南京废娼运动为中心的考察》，《史林》2006年第6期。

△ 图2-37 齐子林

(Photographed by Hedda Morrison, *Ice skater skating at Beihai Lake*, President and Fellows of Harvard College, Harvard-Yenching Library, USA)

图中老人齐子林，前清时期曾在慈禧太后御用的"冰鞋处"中当值。由于他自幼练过拳脚，能把武术功夫融合在滑冰里，受到慈禧的赏识。他所穿的是中国传统的冰鞋

旗者，作为头等奖银十金，次者作为二等奖银八金，再次者作为三等奖银六金，余均赏青蚨一千文。其时海旁买卖者利市三倍。[1]

有趣的是，庆亲王奕劻在什刹海操演时"两岸观者如堵墙"，慈禧太后到中海太液池观赏冰嬉当天，"其时海旁买卖者利市三倍"。此前，冰嬉仅供皇家娱乐，不允许民间观赏。[2]而在国势衰弱之时，清廷意在通过冰嬉向民众彰显"王道之隆"[3]。精明的商家借此作为商机，利用皇家冰嬉在民众观念中的象征资本，转化为"利市三倍"的经济资本，国与民在冰嬉中各美其美，共同造就"王道之隆"。

在溜冰场上，西方优越观通过空间上的并置得以直观的显现："体格落后的民族"与善于溜冰的"西洋各国"进行对比，显示出个体与国家"孱弱的阴影"，于是，溜冰与否成为民族兴衰的"明证"。这样一来，一方面是溜冰将民族主义的国家意识形态推进了民众日常生活，另一方面是溜冰以民族主义话语而获得合法性，并由此成为不同群体谋取自身利益的文化资源。

民族主义话语作为一种政治资源，受到冰场主的强力呼应，几乎每一场溜冰会开幕致辞中都强调"体育救国"，最为著名的北海漪澜堂冰场开幕式更不例外：

> 冰场主办人马仰波报告称，诸位来宾能对体育热心提倡，将来定能振兴我们民族，本冰场虽为营业性质，但提倡体育未敢后人，因溜冰能强健身体，以自卫以救国，方才是本场所生影响云云。继有来宾王石子及比国使馆玩将彬熙相继演说，均对体育救国有所发挥。[4]

---

1 佚名：《懿赏溜冰》，《益闻录》1894年第1345期。

2 韩丹：《论我国古代滑冰的鼎盛时代——说清代的"冰嬉"（上）》，《冰雪运动》1997年第4期。

3 佚名：《募溜冰鞋》，《益闻录》1893年第1331期。

4 佚名：《北平溜冰已上市 漪澜堂冰场开幕——三女士行剪彩礼》，《新闻报》1934年12月13日，第0013版。

◀图2-38

左：**化装溜冰者**（蒋汉澄 摄影，http://zhaojunyi.blog.siyuefeng.com/article/11856）

右：**燕京大学化装溜冰大会**（周振勇 摄影，1930年，http://zhaojunyi.blog.siyuefeng.com/article/11856）

不仅是冰场主人一再强调溜冰以自卫救国，就连"比国使馆玩将"都"对体育救国有所发挥"。可见，溜冰场上所有参与者都在借助国家的主流意识形态为自己赋权。而实际上，溜冰场的生意更多是靠顾客在茶座上喝茶、茶点与交际。

进入民国，如上文所述，在"体育救国"的呼声中，华北学校设立溜冰场鼓励青年学生以溜冰来强种强国。陈晨在分析民初清华大学学生在身体规训中发展出"身体—国家"的身体观，实则是儒家"修身—治国"的身体观转译而成的产物。[1]个人与国家休戚与共的观念，从儒家转译到现代，民众与国家"共主体"的文化资源从儒家转向了民族主义：

> 我们这东亚病夫，体格落后的民族，在这冷的氛围中，除去生活的支配，环境的驱使，谁不闭户幽居，围炉守暖，寻求逸乐，养成懈怠偷安的恶习，对于体魄的锻炼，户外的运动，都非常漠视，所以十九是萎靡不振，抬肩缩颈，十足显示出孱弱的阴影，这实在是可耻可痛的现象！在西洋各国，尤其是美利坚，当冰天雪地的隆冬，正是大家活动的季节，穿着冰刀雪橇，驾着爬篱犬车，冲寒冒冷，驰骋于高山大泽

---

[1] 陈晨：《现代性的游移：清华学校的时间、空间与身体规训（1911—1929）》，庄孔韶主编：《人类学研究》（第三卷），杭州：浙江大学出版社，2013年。

▶ 图 2-39
北海公园化装溜冰会
（李尧生 摄影，《图画时报》1931 年第 732 期）

之间，往来于坚冰厚雪之上，无论老幼男妇，都认为是一种冬季的娱乐，所以他们的精神体力，加倍健强，这也是一个极好的明证。[1]

随着"体育救国"思潮日渐高涨，1922 年北洋政府颁布《学校系统改革令》，学校教育从模仿德国、日本改为模仿美国，从"尚武"的体操课改为体育课，体育活动种类更为多元，田径、球类、游泳、滑冰等现代体育项目陆续进入体育课程。[2] 北方的大中学校陆续在冬天开辟冰场供学生滑冰。[3] 此时，对溜冰的推崇备至是因为它具有强身健体的特点，被社会精英看作"保国保种"的途径。溜冰成为一种动员大众的文化资本，革命青年经常借助装满民族主义情绪的溜冰来进行社会动员：

> 国难是到了这种地步，那么溜冰是不是和跳舞一样的该停止呢？我觉得不必，虽然溜冰场的主人，在以"溜冰即以健身，健身即以救国"为号召，是不免牵强；然而溜冰也未

---

1 弓羽：《夏虫语冰》，《风月画报》1937 年第 9 卷第 44 期。
2 游鉴明：《近代中国女子的运动图像——1937 年前的历史照片和漫画》，台北：博雅书屋，2008 年。
3 郭磊：《冰上运动与体育救国》，《中国体育报》2017 年 7 月 17 日。

必就一定是亡国的预兆,因为还正有些人做不正当的娱乐,那不更可怜么?冰未尝不可溜,但诸位摩登先生小姐走上冰场时,应当有两种觉悟:

"不畏风雪"的好身手,不应该只在冰场上显露!

"如履薄冰"的老教训,不要在溜得高兴时,就忘了!

放开腿脚,当心沉沦!塞外风高,北地冰厚,要痛痛快快的溜冰,我们应该到东北去,那才是我们的最好的大冰场!我们有溜的自由,应当拒绝别人偷进我们的冰场![1]

面对革命青年以民族主义之名号召大家离开冰场、拒绝沉沦时,漪澜堂冰场的创办者、化装溜冰大会的发起者文实权在1941年写了

△ 图2-40　南海化装溜冰会（蒋汉澄 摄影,《良友》1930年第44期）

---

[1] 秋尘:《大冰场》,《北洋画报》1931年第15卷第721期。

▷ 图 2-41

南海化装溜冰会（蒋汉澄 摄影，《良友》1930年第44期）

一篇文章同样以民族主义之名为溜冰赋予"传统文化"的象征意义：

"滑冰是西洋传过来，冰鞋是欧洲人兴的"，有什么"冰上舞蹈，各种花样都是外国人创始的"这类的话出在一般青年人，却必难怪，因为滑冰场，近二十年来北京才有的，最初是米市大街青年会英美人创设一处，后来法美两国兵营也有了冰场，不许一般中国人加入，直到漪澜堂露天大冰场出现，中国学生这才踊跃参加，笔者在彼时仍然登着我四十年

图2-42
北平北海之溜冰会（《图画时报》1931年第736期）

前所着的中国式冰鞋，入场滑冰的中外人看着十分惊异，又看见我演练了几种中国式花样，更是纳闷，大家既以为奇，予遂汇诸人之请，当众将中国滑冰历史，以及各人所演的花样，暨慈禧皇太后观看冰嬉的情形，讲说了一遍，这事距今已有十五六年了，当时听众，现在多已年逾四十岁，谁还肯在冰场与一般青年争胜呢，最近又有友人促予将这滑冰的历史及慈禧太后观冰嬉的盛况在报章上发表，以便青年人知晓滑冰一事确是我中国固有的，绝对不是西洋传来的，并是将中国式花样描写出来，也好叫中国青年滑冰家练习练习……

文实权通过溜冰在中国发展的历史时间梳理，改变人们对溜冰的认知，从革命青年口中的"沉沦"变成了传承民族文化的"高尚运动"。20世纪40年代，溜冰再次风靡华北都市。由于长期历史积淀下来的政治文化，"国家"象征资本始终在民众的观念与日常生活中起作用，因而在近代民族主义兴起时，溜冰很快能被精英推向普罗大众。

在民族主义、妇女解放、家庭革命三重话语之下，女性成为社会议题的聚焦点，"性别问题成为中国政权成功想象现代性的中心"[1]。主流意识形态与话语为冰场招徕女性顾客提供了便利：

> 健康的女子，健康的母亲，方能养育健康的新国民。唯有健康的国民方能负荷救亡图存的重任。这种希望只能寄托在现时一般的青春少女。溜冰是北方健儿一种特殊的运动，而同时尤其是北方小姐的一种特殊的健康运动。……我们如果需要健康的女子、健康的母亲，对于妇女的溜冰应该加以积极的提倡与鼓励。[2]

鼓励女性加入冰场，不仅为商家带来可观的经济效益，也为边缘女性提供了社会资源：

> 白若冰小姐的交际广阔，识人最多，所到之处，身后总免不掉一斑痴醉入迷的逐臭之夫。所以她真好似溜冰的一个宝贝蛋，只要白小姐的玉驾一到，溜冰场上，立刻繁荣，无论场上的冰面，场下的咖啡座，各都空气紧张，呈现着一种热烈欢迎的模样。[3]

这是小说《大众情人》中的场景，冰场主主动邀请白若冰作为嘉宾，以期吸引更多人来冰场消费；而白若冰小姐在冰场上结交社会名流，获取地位与财富。

在无冰的上海，为赶时髦，以四轮冰鞋在水泥地上跑动来模拟北方溜冰，同样吸引了不同身份的女性参与其中：

---

[1] 罗丽莎：《另类的现代性：改革开放时代中国性别化的渴望》，黄新译，南京：江苏人民出版社，2006年，第3页。

[2] 冰血：《永安溜冰场上的观感》，《商业新闻》1938年第1卷第4期。

[3] 李薰风：《大众情人》（连载小说），《全家福》1942年第4卷第1期。

图 2-43
广告插图中的溜冰女性，出售"溜冰必携"（包含溜冰姿势图说、磨冰刀券），代售冰刀与新式日历（《安琪儿》1930 年第 14 期）

看那些小姐们溜过之后，那种气喘喘的模样，实在令人生怜……因为溜冰成了时髦玩意儿，舞女们对它就也都爱好了起来。溜得最好的，是大新的夏维英小姐，差不多在任何冰场都能看见她，大都会、维也纳以及大华的跑冰场，皆有芳踪。话剧演员田心女士，常在辣斐可以看到她，溜冰姿势非常美妙，而且带着舞台的风味。新闻记者在冰场出现的也很多。时报的老滕，常在辣斐走动；大公报的小张常在大都会露脸。交际明星章二小姐，也是辣斐的老主顾。[1]

舞女、女演员、交际花、新闻记者成为溜冰场的常客。这些女性在溜冰场上获得展示自己的舞台，建立社会关系，而新闻记者则借溜冰明星的照片和新闻挣稿费，拓展关系网络，同时也在大众传播领域助推了冰雪文化。

尽管如上文所述，溜冰一定程度促进了男女平等关系。但在性别实践中，处于社会边缘的女性仍然以男性视角形塑自我来获得社会位置的提升，而男权社会则以女性作为符号来建构一套消费文化与民族想象。这种性别政治的"共主体性"与缠足的实践逻辑并无二致，是历史积淀下来的文化惯习。

民国时期报纸杂志等大众媒介的兴起，一方面增加了言论空间，

---

[1] 小茵：《溜冰场风景线》，《跳舞与溜冰》1938 年第 1 卷第 1 期。

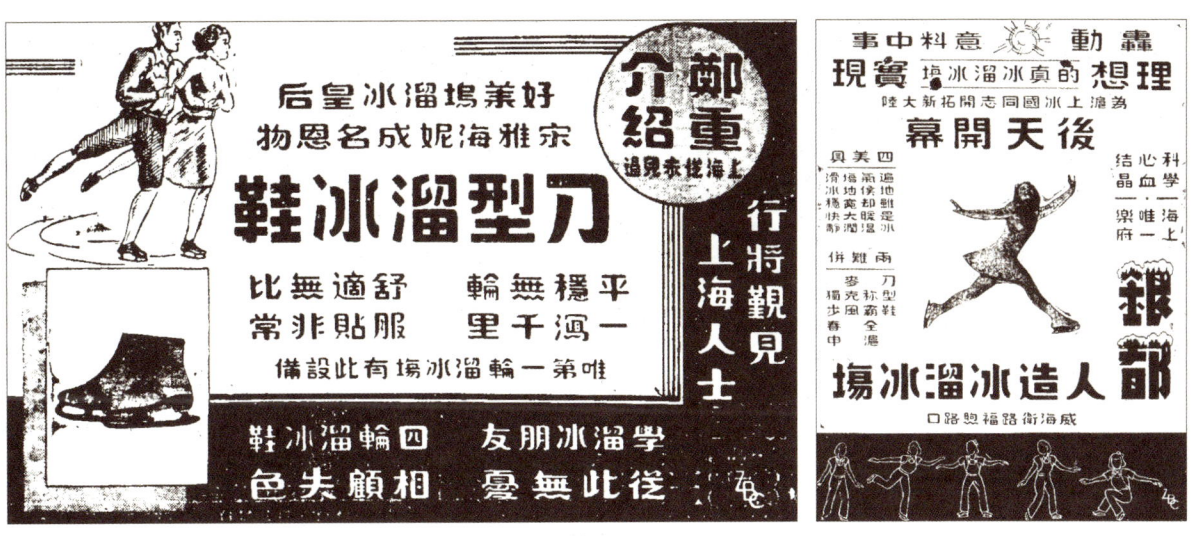

△ 图 2-44 左：刀型溜冰鞋（《新闻报》1940年3月31日，第0012版）

右：人造冰溜冰场广告（《新闻报》1940年4月17日，第0012版）

△ 图 2-45
上海永安溜冰队庆祝三周纪念（焦超 摄影，《新闻报》1941年6月1日，第0013版）
图文："永安溜冰队庆祝三周纪念，特有溜冰平剧之创举。图为名票兼名溜冰家缪怀秋、曹国杰两君参加演出《战地鸳鸯》一剧。图中演员穿的是风行上海的四轮溜冰鞋。"

另一方面也成为社会主体可以利用的一种资源。青年男女对媒介的实践，借用媒介空间来提升自己在社会场域中的参与性和地位：

"大机关主办任何事件，去了容易得着相当的成绩外，还可添自家做无上好的广告呢。"朋友这样说着，"这叫作活动广告"……冰场上去了溜冰的工作外，最要命的，是几个记者忙着为人造像和拉人签字了。好几位红粉小姑娘真被他们弄得走投无路，怕羞万分，但报上宣传的虚荣谁又不要呢？[1]

尽管大众媒介是近代新兴产物，但人们的媒介实践则仍是"传统"的逻辑，即民众借国家的语言、国家的权力而能动地展开实践，从而提升自身在场域中位置，也将国家做到自己身边。

从皇家走进百姓的冰上世界，作为一个秩序边缘的场域而得到青年人的青睐：

封建时代的这座皇家花园，老百姓是不能涉足的。辛亥革命后，北海辟为公园，我才有可能在这碧山清漪、楼台

---

[1] 记者：《北宁滑冰会印象记》，《体育周报》1932年第1期。

△ 图 2-46　左：税务学校化装溜冰会上得一等奖的男子（《安琪儿》1930 年第 16 期）
　　　　　　右：韩希敬女士（左）与得一等奖之 Mrs. Peter Liang（《安琪儿》1930 年第 16 期）

倚廻的胜景中度过我的青少年时代。那时我家住在府右街，经常去北海和中南海游览，尤其是北海。[1]

在北大壮游团的溜冰会记叙中，我们仍可透过文字感受国家下沉到民间之后带给青年人的畅快淋漓：

> 他们先皇陛下的荷塘，平民化后则做前什刹海者，现在着实"冰化"了。……更堪美的是月明星辉，寒夜迢迢，人类似已死完了，我们三五成群作广寒宫里仙人跳舞状，其美趣与乐况更不能以笔墨形容。唯有身当其地者方知个中人滋味！现在这海的北沿十八号藏有中西式冰鞋四双，星期一与

---

[1] 萧淑芳：《四十年前我画北海白塔》，《紫禁城》1982 年第 5 期。

五,下午二时起可以借用,夜会临时约定。凡不擅溜者学习二三次定能开步,如婴儿初学行时一样的可乐。[1]

没有"先皇陛下"表征的传统秩序,"人类似已死完""广寒宫""婴儿初学行"描述的皆是"非人"的或尚未社会化的状态,隐喻了从当下社会秩序中抽离的状态。三五成群的青年沉浸在自由的"极乐的消遣场",享受着无法用笔墨形容的"美趣与乐况"。

何伟亚(James Hevia)曾论述道:"帝国主义从来都不仅仅是枪炮和商品,它还是一个文化过程,是一个对于力图在某个地理空间实现霸权控制的力量或实体进行反抗并且与之适应的过程。"[2] 民国时期北平的冰雪大众文化过程中,大众却颇具"国家自觉",展现作为"国民大众"的风采,也让冰雪大众文化某种程度上成为民族主义的文化实践。

▶ 图2-47
燕京大学天然溜冰场
(《安琪儿》1930年第14期)

---

[1] 佚名:《壮游团前海溜冰会》,《北京大学日刊》1925年第1835期,第3版。

[2] 何伟亚:《英国的课业:19世纪中国的帝国主义教程》,刘天路、邓红风译,北京:社会科学文献出版社,2007年,第3页。

民国时期的北平冰上大众文化体现为一种"聚合"的文化力量，是多元社会主体共同参与社会秩序建构的文化实践。在其中可见溜冰的发起者和引领者并非民众，反而是社会精英，它得到普遍民众的响应并形成社会流行，是一场传统与现代、中国与西方、国家与民众"共融"的文化实践。在这个过程中，逐步形成了国家、社会精英与民众的"共主体性"，导致民众与国家更紧密的联系和更加国家化的日常生活。这是与西方大众文化十分不同的本土场景，反映出民国时期社会变迁的文化逻辑和新的现代性文化意义体系之形成。

第三章
民国冰雪文化的民族主义与日常叙事

本章以冰雪文化中呈现的民族主义及其日常叙事作为个案，思考民族主义思潮以何种方式进入普通民众意识与生活，又以何种方式参与到变革时期的新国家建构过程中。以往学界更多关注民族主义的思想史脉络，关注精英话语中的民族主义建构，忽略了民族主义如何存在于民众的日常生活实践中。近代中国的民族主义，作为民利主义市场化政治中的象征资本，国家与各社会群体出于不同的实践动机与时代需求，将一个新的民族国家意识融入民众的日常生活中。民族主义成为近代民族国家秩序得以建构的文化动力。

第一节　冰雪文化中的民族主义思潮

民族主义思潮，作为"乱世潜流"贯穿近代中国激变的社会转型期。[1] 人们不禁追问，民族主义（nationalism）是如何获得如此大的力量的，民族情绪又是如何深入人心的呢？以往的研究多从政治精英、知识分子的民族主义话语中展开研究，而较少深入分析普罗大众以何

---
[1] 罗志田：《乱世潜流：民族主义与民国政治·自序》，上海：上海古籍出版社，2001年，第1页。

△ 图3-1 《冬天停靠在天津的外国战舰》(Foreign gun-boats laid up in winter at Tien-tsin, North China)[郭磊 供图,《伦敦新闻画报》(The Illustrated London News) 1883年登载]
这幅速写是一位到中国旅行的英国画师根据1880年冬天在天津的见闻绘制的。画面中三艘战舰自左至右分别来自德国、英国和美国,有两人正背着大捆的稻草走向战舰,由于天气寒冷,这些战舰需要中国苦力运送稻草保护甲板。冰河之上有冰床来往,有的在运送乘客,有的在运送货物。冰面上不乏滑冰的人,有外国人也有中国人,有双人滑也有单人滑,有滑的灵活自如的也有初学摔倒的

种方式接受民族主义,唤起民族主义情绪,甚至主动加入民族主义的文化建构中。本节试图从近代冰雪文化中呈现的民族主义作为个案,探讨民族主义成为国家与民众共同参与的文化实践的过程。

在1941年一篇题为《滑冰为我国固有》的文章中,作者细述滑冰的中国历史及近代渊源,言语间处处透出昔日"国俗""国粹"的民族优越感,论述溜冰实乃传承"东亚人远年传的冰上技能"的"高尚运动":

> 滑冰是运动而兼技术化,青年男女最高尚而愉快的娱乐,既然具有这样的美感,当然人人喜悦学习演练,人人喜悦的事,自然不是任何一个民族所兴起的,类如吃饭穿衣是谁发起的,绝对指不出主名来罢,滑冰一事,也是如此。可怪,我们青年,因为时下的冰鞋是欧洲的式样,居然认为溜冰是欧洲人兴的这种见解未免太浅陋了,又有欧洲人在冰上演的花样东亚人脱不出他们的范围,所以又误认为欧洲人是滑冰

△ 图 3-2　北京的"冰上娱乐"［《伦敦新闻画报》(The Illustrated London News)，February 23, 1861, No.1076］(郭磊 提供)

的先进者，这种言辞，简直是近视眼没见过天星一样，其实中国滑冰的花样，较之欧洲人花样不但多而且美观，况且还有大规模合组的花样，这样东亚人远年传的冰上技能，现在无人演练并且无人知晓，岂不是太可耻又太可惜么。[1]

有趣的是这篇文章作者文实权的经历："十二岁时曾在慈禧皇太后、光绪皇帝驾前恭备冰嬉之差，又在民国十五年创设露天冰场于北海公园漪澜堂前太液池中，是年与梁又铭诸君发起化装溜冰大会。"[2] 这位前清当冰嬉之差的漪澜堂冰场主人，正是借着"溜冰救国"的民族主义口号推动了20世纪二三十年代西式溜冰及化装溜冰的热潮。在民族危机加重、舆论以民族主义之名倡导民众抵制西方文化的代表——溜冰之时，文实权重述清宫冰嬉的历史，来批评反对溜冰者"近视眼没见过天星"，从而赋予溜冰"优于西方的传统文化"的象征意义，而遗忘自己的历史则"太可耻又太可惜"，再次将溜冰的历史叙事纳入到民族主义大潮中。可见，短短十几年间无论推动溜冰还是斥责溜冰，皆竖起民族主义的大旗，以溜冰为代表的冰雪文化成为

---

[1] 文实权：《滑冰为我国固有：昔慈禧太后曾命办大规模冰嬉》，《新民报半月刊》1942年第4卷第7期。

[2] 文实权：《滑冰为我国固有：昔慈禧太后曾命办大规模冰嬉》，《新民报半月刊》1942年第4卷第7期。

◁ 图 3-3

吴桐轩（周昂《中南海旧事》，《中国周刊》）
曾当冰嬉之差的吴桐轩穿着西式溜冰鞋，将中国武术动作融入溜冰

不同社会群体借民族主义展开话语角力的实践场域，"民族主义""欧洲人""东亚人""中华民族"等这些概念也借由溜冰的流行而进入民众的日常生活及文化实践之中。

关于民族与民族主义的研究卷帙浩繁，主要从文化建构和文化实践视角展开研究：（1）理论上，探讨作为政治共同体的民族与民族主义。20世纪80年代，以安德森（Benedict Andersen）和盖尔纳（Ernst Gellner）为代表，从文化认同的视角考察了民族主义的兴起与持续存在的社会文化时空与政治经济学背景。[1] 安德森指出民族是"一种想象的政治共同体——并且，它是被想象为本质上有限的，同时也享有主权的共同体"，继而论证资本主义与新的政治共同体形成之间的伴生关系，指出是民族主义创造了民族。[2] 杜赞奇（Prasenjit Duara）批评安德森时指出，中国早在西方民族主义传入前即有类似"民族"的想象，新事物不是"民族"这个概念，而是西方民族

---

1 范可：《理解民族和民族主义：途经、观念与叙事》，《原生态民族文化学刊》2020年第12卷第6期。

2 汪晖：《民族主义研究中的老问题与新困惑》，本尼德克特·安德森：《想象的共同体：民族主义的起源与散布》，吴叡人译，上海：上海人民出版社，2016年，第4页。

国家的政治组织方式。[1]夏特吉（Partha Chatterjee）则批评安德森忽略了民族主义如何建构"民族"意识形态的具体政治过程。[2]霍布斯鲍姆（Eric Hobsbawm）指出，"民族"的建立与主权国家息息相关，"民族主义时而利用文化传统作为凝聚民族的手段，时而因应成立新民族的需要而将文化传统加以革新"[3]。（2）方法论上，强调作为文化实践的民族与民族主义。罗杰斯·布鲁贝克（Rogers Brubaker）主张将民族视为一个实践的范畴，民族定位是制度化的文化和政治形式。[4]盖尔纳由结构功能的分析，认为工业化社会的出现带来生产、教育、传媒、语言等方面的同质化和标准化，引起文化整合从而为民族主义和民族形成奠定基础。[5]但是他们的研究都忽略了具体的社会文化语境与结构化过程（Structuring）。霍布斯鲍姆批评盖尔纳的研究只从现代化由上而下的角度谈民族主义，而忽略了观照一般人由下而上的看法，他认为"民族"是具有双元性的，由居上位者创建，但要从平民百姓的观点分析才能完全理解。[6]杜赞奇检讨了近代民族主义所主导的历史话语，主张从"流动的表述网络中来理解民族认同的原动力"，认为民族主义是"不同表述之间进行斗争和协商的场所"，不同群体可以能动地借由历史叙事而影响现实生活。[7]因此，杜赞奇主张复线的历史，关注参与历史进程的不同社会群体的历史叙述话语。

---

1 杜赞奇：《从民族国家拯救历史：民族主义话语与中国现代史研究·导论》，王宪明等译，南京：江苏人民出版社，2009年，第7-8页。

2 Partha Chatterjee, *Nationalist Thought and the Colonial World: A Derivative Discourse*, Minneapolis: University of Minnesota Press. 1993, pp.21-22.

3 埃里克·霍布斯鲍姆：《民族与民族主义·导论》，李金梅译，上海：上海人民出版社，2006年，第10页。

4 Rogers Brubaker, *Nationalism Reframed: Nationhood and the National Question in the New Europe*, Cambridge: Cambridge University Press, 1996.

5 厄内斯特·盖尔纳：《民族与民族主义》，韩红译，北京：中央编译出版社，2002年。

6 埃里克·霍布斯鲍姆：《民族与民族主义·导论》，李金梅译，上海：上海人民出版社，2000年，第11页。

7 杜赞奇，《从民族国家拯救历史：民族主义话语与中国现代史研究·导论》，王宪明等译，南京：江苏人民出版社，2009年，第6页。

这一脉络下，聚焦近代中国社会转型期民族主义思潮在社会生活中的文化实践逻辑，会发现中国近代的民族主义与"民族国家"的文化建构密切相关，但是其文化实践具有十分本土化的特点，主要体现为"国家"与"民族"、精英与大众的文化并接。

1."国家"与"民族"。这是两个近代舶来的概念，结合成"民族国家"，其文化基础便是"民族主义"。胡适曾说："民族主义有三个方面：最浅的是排外；其次是拥护本国固有的文化；最高又最艰难的是努力建设一个民族的国家。"[1]民族主义作为一个西方概念，是伴随近代国家危机而从西方引入，并与中国固有思想观念整合后的表述。[2]金观涛等从近代报纸的词频分析中梳理出20世纪初民族国家观念的形成与民族主义的发展过程：华夏中心主义解体后形成了去中心化的万国观，之后以"世界"与"世纪"的概念来描述变动的社会组织蓝图，继而民族主义作为阶段性的工具而诞生。[3]正如早期民族主义者所定义的"民族主义者，对外而有界，对内而能群者也"[4]。从殖民主义到反帝反封建的国家主义。陈蕴茜指出在近代殖民主义背景下进入中国民众日常生活空间的公园承载着耻辱沉痛的民族集体记忆又是"文明"的象征，在民国时期转化为传输民族主义精神的政治空间，在日常生活中引导着人们的观念，塑造新国民，成为培养民族主义精神的政治空间。[5]有学者关注到日常生活中的民族主义与国家权力。王立新围绕近代抵制美货运动，讨论民众政治参与意识的成长与现代舆论的崛起，表现出民众对民族与国家利益的关注。[6]

---

1 胡适：《个人自由与社会进步》，发表在《独立评论》第150期，耿云志：《胡适年谱》，成都：四川人民出版社，1989年，第459页。

2 罗志田：《近代中国民族主义的研究取向与反思》，《四川大学学报》（哲学社会科学版）1998年第1期；郑大华：《中国近代民族主义的形成、发展及其他》，《史学月刊》2006年第6期。

3 金观涛，刘青峰：《观念史研究——中国现代重要政治术语的形成》，北京：法律出版社，2009年，第242-251页。

4 余一：《民族主义论》，《浙江潮》1903年第1期。

5 陈蕴茜：《日常生活中殖民主义与民族主义的冲突——以中国近代公园为中心的考察》，《南京大学学报》（哲学·人文科学·社会科学）2005年第5期。

6 王立新：《中国近代民族主义的兴起与抵制美货运动》，《历史研究》2000年第1期。

△ 图 3-4 报刊中介绍的他国冬日冰雪运动（《科学的中国》1934年第3卷第4期）

2.精英与大众。"只知天下，不知国家"的中国民众如何理解"国家""民族""民族国家"，是民国初年的一大难题。陈蕴茜分析了中山装在民国时期的推广与流行，认为中山装既体现民族性，又体现现代性，成为国民认同、民族国家建构过程中的极具象征意义的符号，折射出新兴民族国家以着装方式重塑中国人的身体政治。[1]然而，参与抵制美货运动的民众多大程度出于民族国家大义，又有多少是基于自身利益而做出选择？民众在公园和着装中如何理解和接受民族主义意识形态？一些研究以日常生活的层面展开讨论，但仍以国家的民族主义叙事为主线，缺少多元的民众声音及其参与民族主义建构的实践动机，较少关注民众对于民族主义的主位理解与主体性参与的实践逻辑。已有研究多是在思想史脉络下以精英话语来展开分析，尽管近代精英们引入民族主义对中国社会带来深刻影响，但是中国社会尚未经历工业化、资本主义发展，平民识字教育尚在如火如荼展开，精英们引入的民族主义思潮如何在民众的意识中生成？中国长期历史积淀形成的政治文化又如何与近代以民族主义作为组织方式的新国家并接？这些仍然是值得我们探讨的问题。

正如萧凤霞提出的问题："如果说帝国的秩序——天下——是一个共同体的意象，而国家的建构是跨越时间和空间的话，那么，到底是谁，用什么方法让人们感到国家的存在——不管存在是真实的还是想象出来的？"[2]我们同样可以追问：如果近代以来的民族是一个"想象的共同体"，到底是谁，用什么方法让人们感到新兴的民族国家的存在？理解民族主义思潮，离不开民众的主体性参与。在冰雪文化的个案中，除了国家以"体育救国""强国强种"倡导冰雪运动之外，社会各界都积极参与其中，主动加入民族主义的文化建构中，体

---

[1] 陈蕴茜：《身体政治：国家权力与民国中山装的流行》，《学术月刊》2007年第9期。

[2] 萧凤霞：《传统的循环再生：小榄菊花会的文化、历史与政治经济》，《历史人类学学刊》2003年第1期。

△ 图3-5　北海化装溜冰大会（《晨报星期画报》1926年第1卷第22期）

现出国家与民众的"共主体性"（co-subjectivity）[1]。因此，从国家与民众的"共主体性"出发，以冰雪文化中呈现的民族主义作为个案，理解民族主义思潮在冰雪文化中进入民众的日常生活，以及不同社会群体如何以冰雪文化为载体而主动加入民族主义构建的过程，以期理解民族主义何以在激变时代成为贯穿中国社会转型始终的潮流与文化动力。

---

[1] 张小军：《"文治复兴"与礼制变革——祠堂之制和祖先之礼的个案研究》，《清华大学学报》（哲学社会科学版）2012年第2期。

第二节　冰雪文化中的民族主义意义生产

1895年中日甲午战争之后，康有为、梁启超等知识分子主动引入了西方教育方式，"体育"作为培养新国民的方式之一被引入新式学堂。孙中山也提出："提倡体魄之修养，此与强国保种有莫大之关系。"[1] 此后"体育救国"的思潮承袭"强国保种"的概念，推广以兵式体操为主，呼吁民众锻炼强健的身体来挽救中国。[2] 在新文化运动的冲击下，1919年第五次全国教育联合会决议提出"军国民主义已不合教育之潮流"而要求改进学校体育。1922年北洋政府公布的《学校系统改革案》，将"体操科"改为"体育科"，兵式体操被废除，取而代之的是田径、球类、游戏、体操等现代体育的内容。[3] 由此可见，体育运动始终紧随建构民族国家的需要而调整。而且国家以体育教育的方式在青年学生中推动民族主义，确实取得明显的效果。陈晨对民国前期清华学校身体规训的研究发现，清华学生用传统儒家"修

◁ 图3-6
燕京大学溜冰的女生（周振勇 摄影，郭磊 供图）
拍照时燕京大学的女生喜欢一字儿排成一排，后面的人用手搭在前面人的肩头，这几乎成为她们拍摄滑冰照片的标准姿势，翻看那时的图片，只要看到这个姿势，十之八九是燕京大学的

1　中国社会科学院近代史研究所编：《孙中山全集》第四卷，北京：中华书局，2011年，第19页。
2　游鉴明著：《运动场内外：近代华东地区的女子体育（1895—1937）》，《"中央"研究院近代史研究所专刊》92，2009年，台北："中央"研究院近代史研究所，第36页。
3　郭磊：《冰上运动与体育救国》，《中国体育报》2017年7月17日。

▶ 图 3-7
燕京大学的学生在未名湖滑冰（周振勇 摄影，郭磊 供图）

身—治国"观念"转译"了美式的身体规训，发展出一套"身体—国家"的身体观，即认为"对自身身体的管理有助于改变中国身体'病弱'的状况。当个人的身体不再'病弱'，国家的'疾病'也就不复存在，中国也就可以走上强国的道路"[1]。

在这样的背景下，西式溜冰成为北方学校冬季体育课的重要内容，带上浓厚的民族主义色彩。而由北京大学哲学系教师张竞生发起的"北大壮游团溜冰会"不仅增进了学生们的溜冰热情，更是将学校里的体育项目及其携带的民族主义意识带入了更开放的社会公众视野中：

> 自从我们在什刹海发起溜冰会以来，居然提起了好多人的兴味，现在已有十几位自己购置了冰鞋，而且溜得很好了。前天星期日在北海漪澜堂前冰场内练习，有的虽蹩蹩学习步，其余则寄走如风了。环绕我们的老者少者一大群……夕阳无限好，新月真蛟鲜，又兼有洋洋盈耳的军乐和群众的喝彩声一同来助兴，一霎时间真使人三生享用不尽。
>
> 可是，我们觉得美中尚有不足者：乃因我国人仅会袖手旁观，而让碧眼儿癫狂骄态，驰骤回旋，几疑北海冰场变成为他们的殖民地了。好男儿起来雪此耻！起来收回这片冰的领土权！起来与外人角逐！起来领略这个极兴趣又极卫生的

---

[1] 陈晨：《现代性的游移——清华学校的时间、空间与身体规训（1911—1929）》，张小军主编《人类学研究》（第3卷），杭州：浙江大学出版社，第77-128页。

溜冰生活。

"到溜冰场去！"这是埃几摩民族新传来的口号。

"到溜冰场去！"打倒那外人抱溜冰帝国主义者的威风。

那么，请诸位不要叫许多无谓的口号，到底来只赢得口皮干燥。故最好就请速买冰鞋。其紧钉于皮鞋上的尤便于初学，其夹上的也极便当。数元费用甚微而于个人的兴趣及卫生与国家和民族的体面上所关甚大。[1]

这是北大壮游团于1926年发表文章，以民族主义之名动员溜冰。溜冰场成为一个充满民族主义意象的大舞台：军乐盈耳，"碧眼儿"与"殖民者"、溜冰场与"殖民地""冰上主权"联系到一起，将个人的溜冰与"雪耻""国家和民族的体面"联系到一起，号召溜冰以打倒"溜冰帝国主义者"。溜冰场被塑造成"我们"与"外人"面对面互相竞争、互相争夺的意义空间，将"对外而有界，对内而能群"的民族主义意识具象化，成为围观溜冰的民众切实可感的竞争与对抗。

▼ 图3-8 英兵在北海溜冰场练习溜冰（《世界画报》（北京）1927年第114期）

---

[1] 佚名：《壮游团启事》，《北京大学日刊》，1926年1月19日，第2版；1926年1月20日，第1版；1926年1月21日，第2版。

……我们这东亚病夫，体格落后的民族，在这冷的氛围中，除去生活的支配，环境的驱使，谁不闭户幽居，围炉守暖，寻求逸乐，养成懈怠偷安的恶习，对于体魄的锻炼，户外的运动，都非常漠视，所以十九是萎靡不振，抬肩缩颈，十足显示出孱弱的阴影，这实在是可耻可痛的现象！在西洋各国，尤其是美利坚，当冰天雪地的隆冬，正是大家活动的季节，穿着冰刀雪橇，驾着爬篱犬车，冲寒冒冷，驰骋于高山大泽之间，往来于坚冰厚雪之上，无论老幼男女，都认为是一种冬季的娱乐，所以他们的精神体力，加倍健强，这也是一个极好的明证。[1]

这类文字在民国报刊中极为常见，溜冰成为"西洋各国加倍健强的明证"，也映射着"我们这东亚病夫"的"孱弱阴影"。其实溜冰在华北本非新事物，但是西式溜冰鞋、溜冰花式、溜冰场作为一种西方的体育运动和娱乐活动被引入日常生活时，放大了西方溜冰者身体与精神上的强健。溜冰与否被塑造成本国与"他者"之间强弱对比的象征符号。

陈蕴茜曾指出："民族主义意识产生于与'他者'的交往及冲突中，是与国际意识紧密结合的，只有明确本国与'他者'的关系，国家认同才能真正实现。"[2] 然而对于民众而言，明确本国与他国关系、具有国际意识并非易事。溜冰场被塑造成一个"本国"与"他者"交往及冲突的表征空间，化装溜冰会则进一步将服饰、礼仪、价值观念等带到溜冰场上，以其形式新颖、意义多元而成为大众流行，更成为民众形象生动地理解"万国""世界"、理解自我与他者文化差异的生动舞台。1926年由文实权等人在北海漪澜堂冰场举办"万国化装溜冰大会"开风气之先。之后在北方城市化装溜冰大会此起彼伏，溜冰

---

[1] 弓羽：《夏虫语冰》，《风月画报》1937年第9卷第44期。

[2] 陈蕴茜：《日常生活中殖民主义与民族主义的冲突——以中国近代公园为中心的考察》，《南京大学学报》（哲学·人文科学·社会科学）2005年第5期。

▲ 图3-9 左：作为冰上游戏的"象"之表演

右：作为冰上体育运动的万米滑冰比赛

（李尧生 摄影，《艺文画报》1947年第1卷第8期）

场上万国旗飘扬，中外人士共同参与，涌现出很多耐人寻味的化装形象。根据当时报刊上的形象整理如表2，可见其呈现出传统-现代、本国-他者的二元对立：

表2 民国报刊所载的化装溜冰会之化装形象

	本国	西方国家	其他族群
传统	披发鬼、孙悟空、哪吒、诸葛亮、周瑜、黑白无常、皂隶、清朝官僚、傀儡皇帝溥仪、满洲妇女、仙女、戏剧丑角；	持剑骑士、西班牙及英伦时世装、西式长蓬裙的公主和贵妇、蒙面侠客、爱神丘比特、黑袍巫师、女巫、苏格兰小孩、	头插羽毛的印第安酋长、全身涂黑的非洲黑人、戴红色头巾的印度人、树叶裙蔽下体的"绿色怪人"
现代	卖国贼、枪决犯、警察、白面贩子、乡下老太太、老妈子、村姑、小沙弥、算命先生、小贩、拾垃圾人、清道夫、厨役、瞎子	美国3K党、牧童、挤牛乳女、西洋教授、修女、传教士、小丑、西装少年、胶皮人（米其林轮胎先生）	

注：化装形象的描述词汇均出自当时报刊中的图片配文。

不同族群或国家的服饰同台上演编织出复杂多意的图式，表征着不同族群的刻板印象，观众也对这些"看得到"的形象进行解码，区

△ 图 3-10　燕京大学化装溜冰大会（蒋汉澄 摄影，《安琪儿》1930年第14期）

别出"我们"与"他们"的不同：（1）与中国相关的形象中，身着清朝服饰的均是负面形象，而反映社会现状的角色则全是边缘的社会底层；（2）形成对比的是西方国家的形象——教授、贵妇、公主，哪怕牧童与挤牛乳女也极力展现天真美好的一面；（3）其他非西方族群则按社会进化论中的原始社会来进行想象与呈现。由此可见，参与化装溜冰会的人士对于本国与他者的想象基本上是西方中心的视角，在外形与服饰的符号表征中潜移默化地建立起一套西方主导的世界观，并在其中寻找自身定位。

△ 图 3-11　获得化装溜冰前五名的选手（田英魁 摄影，《北晨画报》1937年第11卷第6期）
自左至右：马国钧和金业勤饰"老夫妇"、张敏饰"外国小丑"与张慧饰"乡下姑娘"、李秉仁饰"毒贩"与言丝木饰"警察"、米琪饰"米老鼠"、黄建饰"剑客"

△ 图 3-12　北海化装溜冰会（《北京画报》1930 年第 2 卷第 70 期）

∆ 图 3-13
左：北平北海公园化装溜冰大会（蒋汉澄 摄影，《图画时报》1929 年第 537 期）
右：化装溜冰者（林悦明 摄影，《中国学生》（上海）1930 年第 2 卷第 1 期）

在溜冰场上，"西强中弱"的世界格局被放大，进一步强化五四以来反传统、学西方以自救自强的民族主义情绪。尽管在思想观念上认同和向往西方现代化，但是人们在情感上并不愿承认自我的"野蛮落后"。于是，借化装溜冰会展开意义编码，有人努力建构不愿屈服于西方、与西方竞争对抗的自我形象，有人则选择以西方的方式实现"如同自己兄弟们一般"：

> 乐声一停，由沈市长致开会词。大意谓："本市气候本不甚寒，严冬时期，刹那间就过去了。溜冰是冬季最合时令的一种运动，所以就藉（借）这个时间来举行溜冰会。说到这个作溜冰场的小西湖，有天然美好环境：前临大海，三面环山，并且有很优秀的林木，环绕四周。我们借这个地方集合中外人士来开一个国际化装溜冰大会。要是化装起来，无论谁的鼻子头发看不出来了，如同自己兄弟们一般，在一块都娱乐，这也是友好和平的好徵象。"云云。吾人细味沈氏之意，似渴望世界人类能泯除种族国界之隘见，相亲如手足，以免除残酷之战争。其它心之仁慈，殊足敬佩。然自私自利，为人类始祖所遗传。吾人欲求生存，必先求自卫。惟武止武，

为现时惟一之良法。兄弟尚且阋墙，世界焉能大同？……是日参加化装溜冰者，中国及日英美侨民男女约八十余人。装束新奇，各尽其妙。有渔翁，有樵夫，有前清官僚，有摩登男女，有乡下姑娘，有绿林豪客。……陆家佐所饰之大鼻子外国人，其假面具狰狞可怕；邢绍华所饰之老人，肩上书"青天白日"，头上书"老当益壮"，盖取意在青天白日下之元老壮猷，当兹国难严重期间，负担益重，精力益瘁也。王金荣、王津、王愚侠三人合饰之鹬蚌相争，渔翁得利，亦饶有警人之意。刘仲英所饰之黄鸟，寓意颇深，手持红旗，上书"和平"二字，盖表示我黄种之酷爱"和平"也。[1]

这是1934年在青岛中山公园内的小西湖举办的"国际化装溜冰大会"，因为化装溜冰会第一次在青岛举办，因而吸引了众多观众。市长、公安局长、教育局长等官员均到场参加。有趣的是，市长强调中外人士化装之后无差别、如兄弟，视为世界大同、友好和平的"好徵象"；而文章作者则从化装服饰中解读出"种族国界"的对立，求民族生存的"警人之意"：饰演大鼻子外国人"狰狞可怕"，饰演老人解读为国难之前"老当益壮"，从饰演黄鸟解读出黄种人酷爱"和平"等。我们无从了解化装者的本意是否如此，但从文章作者写作中能够感受到民族国家危机中身份认同的紧张。无论是以化装溜冰表征世界大同，还是以化装溜冰表征反抗西方，两者都是民族主义者的情感表达。正如罗志田所言："各国民族主义者都强调民族至上，可中国从维新党人到新文化运动知识分子再到国民党人，都主张一个与传统大同观念相近的终极目标。"[2] 而这种向往世界主义的理念，同样是出自其强烈的民族主义情怀。[3] 化装溜冰会将政府、文人、化装者、观

---

[1] 寒：《化装溜冰》，《海王》1934年第6卷第18期。

[2] 罗志田：《近代中国民族主义的研究取向与反思》，《四川大学学报》（哲学社会科学版）1998年第1期。

[3] 罗志田：《胡适世界主义思想中的民族主义关怀》，《近代史研究》1996年第1期。

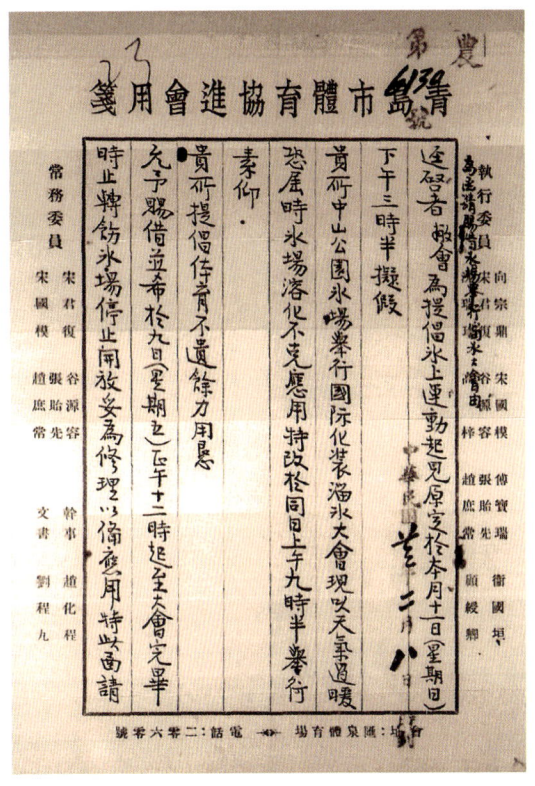

图 3-14
青岛中山公园举行国际化装溜冰大会申请函（青岛市档案馆藏）

众都拉入一个以西方主导的"世界"中，中西方文化的差异、强弱对比被"看得见"的服饰打扮加以放大，无论是抵抗西方殖民还是追赶西方现代性的叙事，都一再提醒民众世界局势中的国家危机，让民众潜移默化地接受民族主义的动员。

为迎接农历新年（2月13日），营造喜庆气氛，2月8日，青岛市体育协进会致函农林事务所，希望能借用溜冰场于2月11日（周日）上午9:30举办国际化装溜冰比赛。对此，农林事务所欣然应允。与此同时，青岛市体育协进会还致函青岛市公安局，以"事关国际体面"，希望该局能派军乐队演奏助兴，以示隆重。对此，市公安局亦欣然应允。据说，当年的国际化装溜冰比赛可谓盛况空前，参观者多达四五千人，一时间全市轰动，成为当年青岛春节最引人注目的活动。[1]

报刊文章中关于化装溜冰会的报道常呈现出丰富的民族主义意涵，如下这段化装室内的对话中可看到更为日常的逻辑：

---

[1] 聂惠哲：《1930年年代的小西湖溜冰场》，青岛市档案馆，《青岛日报》2020年1月9日 https://www.dailyqd.com/arc/2020-01/09/content_500372.htm。

▷ 图 3-15
青岛第一届国际化装溜冰大会（青岛市档案馆藏）

"老 E 您今天可化装什么？去年化装 3K 党得着第一，今年又有什么新花样么？"一个正化着小丑的在发问。……

"我知道了，老 E 是洋化的，化装的东西大概近于洋味。去年化的 3K 党，人家不懂的，以为是化的吊死鬼。昨天我又看见裁缝送一套 Sheik 的衣服，今年大概他是化的 Arabian Sheik 吧。"

"哈哈！"老 E 得意洋洋的笑着。

"你不要得意，听说老魏今年费了八十多块钱做一身 Chevalier 的衣服，Miss Lucy 化西班牙 Madame，两个人正配一对，恐怕你的第一拿不稳。"另一个报信人说。

"咳！花这许多钱真是冤，叫我老五就不高兴化装，要化装，我便向庙里借一套和尚衣，一套尼姑衣，我老五化个和尚，约 Margaret 化个尼姑，一对和尚尼姑准拿个第一，又

▶ 图 3-16 化装溜冰者
[《世界画报》(北京) 1928年第118期]

▶ 图 3-17 化装溜冰者
[《世界画报》(北京) 1928年第118期]

经济，又省事。"……"好，好，老魏化了 Chevalier 扶着西班牙 Madame 出场了，行头勿错，真神气。"[1]

由此可见，参与化装溜冰者更多是一种经济资本的比拼，为争夺第一名的荣誉与关注度而各显神通。化装的"美国3K党"尽管被解

---

1 刘欢曾：《溜冰》，《中国学生》（上海）1930年第2卷第1期。

△ 图3-18 左：北海化装溜冰会，摄影家魏守忠与其妹魏守宜（蒋汉澄 摄影，1929年，http://zhaojunyi.blog.siyuefeng.com/article/11856）

右：化装溜冰者（王述兴 摄影，《图画时报》1930年第640期）

读为"吊死鬼"，但化装者仍为得了第一名而得意，可见他们更享受化装溜冰游戏中带给自身的社会资本，而游戏所携带的社会文化意义则开放给不同群体加以阐释。

随着溜冰的引入，其所携带的一套西方文化不断地与自身文化形成对比，借溜冰编织的民族主义叙事，无论排外还是西化，都是在一再加强人们对自我与世界的反思，对中国、中华民族的身份确认。如同近代公园是将民族主义意识空间化，溜冰则是将民族主义意识日常化，通过政府、文人、民众的参与与叙事，赋予溜冰以民族主义的象征意义：动员人们在冬日走到户外参与冰雪运动，同时也在日常生活中时刻感受"外而有界，对内而能群"的民族主义情绪。溜冰、化装溜冰等冰雪文化作为新兴的都市娱乐活动，本质上跟说书、看大戏一样，都是让人们感受到国家的存在，只不过溜冰所表征的近代中国的"国家"是置身于西方民族国家主导的世界格局之中的民族国家。

第三节　冰雪文化中的民族主义象征资本再生产

为建设新国家而舶来西方的民族主义，但同时也不断接受西方主导的世界观与价值体系，导致中国社会内部出现民族认同的危机。不同社会群体在"民族主义"的大旗下，以不同的方式丰富民族主义内涵，围绕溜冰展开的阶级分析、领土主权、传统文化，成为20世纪30年代不同社会群体加入民族主义建构的三个议题。

▶ 图3-19 《为国溜冰！溜冰抗日！》（老宣，《北洋画报》1932年第15卷第735期）

△ 图3-20　公园外等候的黄包车夫（《良友》1933年第73期）

图文："雪夜中冷落的黄包车夫。玩雪的幸运儿们，亦曾一思及此可怜的人否？"

1931年九一八事变加剧了民族危机，这年冬天的报纸上开始出现了"国难当头怎可滑冰"的论调。溜冰者从"强健的国民"变成了"溜冰的小姐，少爷们"[1]"贵妇和小姐""绅士和少爷""有闲阶级"：

> 国难管它临头，本来何干有闲阶级的事？不过，卧薪尝胆的一个不讨好口号传来，竟有人拿来利用，对享乐人们眼红吃醋，捣个大蛋，真正岂有此理。有闲的人们，少不免会这么说。而志士们革命的理论还来的充分，不消说了。自来朱门酒肉臭，路有冻死骨，那无衣无褐的北平，冻死可是常事，旱灾未几，继以东北兵难，难民逃难来归，更不知几何，冻死多少了？使看及特殊阶级的优游愉乐，实在有点不好过。掷炸弹的锄奸团，怕是代表这般穷光蛋出出气吧？抑或真的卧薪过来，尝胆味去，而以此冰上走、香里吻的为非分不对吧？……[2]

1　草草：《随笔》，《北洋画报》1931年第15卷第715期。

2　清：《溜冰场中一炸弹》，《活跃》1933年第14期。

当我们置身于冰场中的时候，我们是满足的，因为出现在眼前的是活跃的青春，活跃的健康和炫目的富足。这里找不出贫穷、混乱、苦难、可怜相的不祥影子，这里有的是年轻活泼的男女，涂脂抹粉，每一身新装都可以参加选美大会的贵妇和小姐。也有浑身华贵，举止端庄，四肢强健的绅士和少爷。谁说中国穷？谁说中国人饿？谁说中国人是病夫？请他到冰场里，见识见识罢。音乐大声飘着，微笑挂在溜来溜去的男女唇边，冰场中的人是美丽的，他们尽量玩着，如像云雀嬉游于锦霞之上。在这里谁相信这便是那到处纵横着水灾，旱灾，战争，祸患之国度里的人民呢？请溜冰吧！冬天提供了机会，让我们瞧瞧中国的"富足和健康"。[1]

1933年在中南海化装溜冰会上，一个炸弹被扔进了冰场，成为革命青年对溜冰青年冷嘲热讽的由头，参与溜冰的男女不再被认为是"强国保种"的新青年，而是与阶级话语捆绑在一起。这些文字力图建构出穷困的、病夫的、饱受灾祸的"中国人"，而溜冰青年则以富足、健康、娱乐而被排除在外，进而以民族主义情绪排斥他们。

已有学者指出20世纪30年代左翼"大众文艺"运动以阶级为主体的共同体的想象，不同于国民党所建构的民族国家共同体想象。[2]杜赞奇则指出："阶级和民族常常被学者看成是对立的身份认同，二者为历史主体的角色而进行竞争……我认为有必要把阶级视作建构一种特别而强有力的民族的修辞手法——一种民族观。在中国，李大钊就是以阶级的语言来想象在国际舞台上的中华民族的：中国人民是一个被西方资产阶级压迫的无产阶级民族，是国际无产阶级的一部分。"[3]也有学者将这种基于阶级分析的民族主义称为"阶级民族主

---

1 剑：《杂感——冰场风景》，《真理评论》1936年第2期。

2 齐晓红：《20世纪30年代左翼文艺及其衍生性问题——以"大众"的讨论为中心》，《中国文学批评》2020年第4期。

3 杜赞奇：《从民族国家拯救历史：民族主义话语与中国现代史研究·导论》，王宪明等译，南京：江苏人民出版社，2009年，第10-11页。

△ 图3-21 报刊上的化装溜冰照片（李尧生 摄影，《中华》（上海）1933年第16期）

义"[1]。在上述讽刺溜冰的文字中可以发现，溜冰作为大众流行文化的一部分，革命青年借此发挥，用阶级语言包装的民族主义来进行话语争夺：溜冰青年被划入了"西方资产阶级"的阵营，甚至成为"锄奸团"攻击的对象，而灾民、难民等则成为受苦受难受压迫的中华民族的表征，以此建立反西方、反资产阶级的民族主义，同时以这种"阶级民族主义"进行革命动员。而有意思的是，这些言论往往出自当时处于社会边缘的革命青年。罗志田曾指出，新兴的边缘知识青年与民族主义的兴起有更直接的关系，因为边缘知识青年在民族主义运动中找到自身价值的实现，"从不值一文的白丁（nobody）变成有一定地位的人物（somebody），国家的拯救与个人的出路融为一体"[2]。他们在报刊上发表着义愤填膺的文字，与西化的社会精英们争夺话语权，也确实借由溜冰而将阶级对立与民族主义共同带入人们的意识中。

东北沦陷，使民族主义叙事中加入了"主权"的概念，加剧了民族存亡的危机感。由于东北的冰天雪地很自然地与溜冰场联系到一起：

"不畏风雪"的好身手，不应该只在冰场上显露！

"如履薄冰"的老教训，不要在溜得高兴时，就忘了！

放开腿脚，当心沉沦！塞外风高，北地冰厚，要痛痛快快的溜冰，我们应该到东北去，那才是我们的最好的大冰场！

我们有溜的自由，应当拒绝别人偷进我们的冰场！[3]

面对当局不抵抗的政策，一些知识青年号召大家到塞外北地去痛快溜冰，捍卫冰场的自由，用冰场主权来隐喻东北的国土主权，从而

---

[1] John Fitzgerald. *Nation and Class in Chinese Nationalist Thought. Unpublished ms. Department of History*, University of Melbourne. 1988，p.10. 转引自杜赞奇：《从民族国家拯救历史：民族主义话语与中国现代史研究·导论》，王宪明等译，南京：江苏人民出版社，2009年，第11页。

[2] 罗志田：《失去重心的近代中国：清末民初思想权势与社会权势的转移及其互动关系》，《清华汉学研究》第二辑，1997年11月。

[3] 秋尘：《大冰场》，《北洋画报》1931年第15卷第721期。

▲ 图 3-22

漫画"全军覆没"(《安琪儿》溜冰专刊,1930 年第 14 期,第 4 页)

使国家主权这类抽象概念变得切身可感。

而"攘外必先安内"的当局试图以冰上运动会来鼓舞士气,增强民族主义认同[1],运动队也参与到边疆问题的叙事中:

> 1935 年 1 月 25 日至 26 日在北平中南海公园南海举行了一次华北冰上运动会,参加的有河北、北平、东北(包括东北各省)等代表队。据当时报纸报道:"华北苦寒,滑冰乃特有之运动,惟正式聚会数单位健将于一地竞技,此尚为破题儿第一遭。"引人注目的是东北代表队,入场时,队旗为上白下黑,中绘各省地图,象征白山黑水,映入旁观者眼帘情绪为之起伏,令人有东北沦亡、不知何日收复之感。[2]

---

[1] 参见王健吾:《我国应该如何举办运动会》,《勤奋体育月报》1935 年第 3 卷第 3 期。王健吾指出:"我们都要抛弃'虚荣、胜利、出风头'的个人思想,抱定国家民族福利之主义,造成以国家民族为中心的动力,去举行盛大热烈普遍的运动会,共谋中国之复兴,中华民族之再强。"

[2] 陈维麟:《华北冰上运动会》,《体育文史》1983 年第 3 期。

△ 图 3-23
漫画"你要是不肯把溜冰鞋脱去,休想向上前进一步!"(《浙江青年》(杭州)1935年第1卷第6期)

东北代表队的队旗以各省地图、白山黑水引人注目,同样提醒着民众国家主权的缺损。可见,不论是革命青年还是政府当局,都共同着力于借"溜冰"引出主权问题,唤起民众对基于领土主权而建立的民族国家的认同感与危机感。文艺作品进一步把东北的战火纷飞拉入都市日常生活中形成鲜明对比,力图使人们对"同胞"之苦难的感同身受:

> 家乡的炮火,家乡的恐怖,撕裂着父老的心情,暗地里默默地哭泣,暗地里默默地叹息,姑娘:什刹海的冰冻坚了,我又怎能去滑冰。
>
> 家乡的炮火愈重,声打着老头子,顾不得穿裤子的腿。声打着小孩子,上衣往腿上穿,焦急的哭喊。声打着老头吧,发白的脸,多少人在炮火中倒下,多少人被炸得血肉横飞。姑娘:什刹海的冰冻坚了,我又怎能去滑冰。
>
> 古城的角落,古城的街道,被难者在徘徊,逃生者在漂涉。哭丧,失望,凄惨,一张张的脸,在饥饿中倒下。在寒冷中,咬着紫色的唇发颤。姑娘:什刹海的冰冻坚了,我又怎能去滑冰。[1]

将东北称为"家乡",将东北民众称为"父老",极力强调东北逃生者、老人孩子的苦难,进而将溜冰男女置于不顾同胞苦难、民族存亡的位置上。将遥远的边疆变成了想象中共同的"家乡",力图使人们意识到共同的民族国家危机,共担民族存亡的责任与义务。借由溜冰这一象征符号,民族主义的主权意识和情感逐渐与相对实体的边疆国土、困苦生活联系到一起,唤起更广泛民众的同情。

面对民族认同危机的问题,另一部分知识分子则回到传统文化中找寻民族自觉与自信。法国著名学者、民族主义者勒南(Ernst

---

[1] 萍泊:《我又怎能去滑冰》,《远东杂志》(北平)1947年第1卷第2期。

▲ 图 3-24　哈尔滨特区华人溜冰大会

（王述兴 摄影，郭磊 供图，《图画时报》1930 年第 640 期）

哈尔滨特区第一公共体育场举行的华人第一次公开化装溜冰大会，参加人士颇众，图为溜冰大会之一斑

Renan）指出，所谓民族其实是一种精神原则，它包括两部分：过去和现在；由享有共同记忆所带来的精神遗产，以及一起维护这一精神愿望所构成。[1] 一部分知识分子借由溜冰热，挖掘溜冰的历史资源来建构对自我民族的认同：

> 欧美各国，每于冬令，喜作冰戏。欧洲又有各国联合走冰会之组织，每年举赛一次，以瑞典，挪威，丹麦三国，恒占优胜。吾国此戏，发达亦早。宋史所称"故事齐宿，幸后苑作冰戏"。可知吾国古代帝王，亦喜作此戏矣。洎至清代，以关外健儿，入主中夏。其先之民族本生活于寒冷之地带，故此戏尤为发达。入关后，犹保存未废。清制八旗劲旅，于冬日在太液池习冰戏。……观以上所记，可知清代三海之冰戏规制。至其盛况实较近年所举行之化装溜冰会，尤为大观也。[2]

与前文中一味强调欧美溜冰之风盛行的文字截然相反，这段文字将本国溜冰的历史追溯到宋代，强调清宫三海的"冰嬉"比当下流行的化装溜冰会"尤为大观"。与前文所述的漪澜堂冰场主人文实权极

1　参见 Ernest Renan, Qu'est-cequ'une nation?（What is a nation?）, selected in John Hutchinson and Anthony Smith eds.: *Nationalism*: Oxford Readers. Oxford and New York, 1991.

2　芸子：《历史上之三海的冰戏》，《北京画报·溜冰专刊》1930 年第 2 卷第 70 期。

力展现清宫冰嬉的辉煌历史一样，作者借溜冰在本国的悠久历史来构建对本民族文化的认同与自信。

在抗战胜利后，溜冰再次风行华北都市。1947年1月25—26日两天在北海的漪澜堂冰场举行的北平市冰上运动大会上，吴桐轩老人与"清代溜冰术"重新获得关注与赞赏：

> 值得隆重介绍的，是花样圣手六七老人吴桐轩的表演。他身着黑缎小棉袄裤登场，表演"丹凤朝阳""鹞子翻身""朝天蹬"等绝技，功夫老练，精神抖擞，博得中外人士等赞赏，所以他在历届的溜冰竞赛会中，都获得特种奖品。据这位老人说，他所表演的是清代的溜冰术，前清咸丰年间里流传下来的。他所用的冰鞋，为鞋底形的铁板，上连冰刀，临时用绳系于脚上。这种独特的溜冰术，非下过一番苦功不可，姿势约有四百余种，每种姿势又可变化出许多花样，通算起来，共有一千余种新花样。[1]

△ 图3-25　左：吴桐轩老人
　　　　　　右：吴桐轩老人的溜冰表演，获得外国人的称赞
（1946年 Life 杂志亚洲区摄影师 Jack Wilkes 路过北海公园时所摄，那时吴桐轩66岁）

---

[1] 李尧生：《北平的溜冰热：吴桐轩表演"朝天蹬"》，《艺文画报》1947年第1卷第8期。

△ 图 3-26　吴桐轩滑冰组图（https://www.ladymetro.com/shenghuo/lvyou/13597.html）

这一年有不少报刊均关注到吴桐轩老人,他表演的"清代的溜冰术"融合作为"国术"的武术动作,表征着中国优秀传统文化胜于西方花式溜冰。其实吴桐轩自甲午战争后"冰鞋处"被裁撤就出宫回家,一直以来都活跃于溜冰场上,而且一度被邀请到天津表演维持生计,只是在七七事变后才难以靠溜冰为生。[1] 但是此前的媒体报道中并不常见他的身影,恰巧在抗战后民族文化自信渐长时而被关注,进而又成为增进民族自信的文化资源。

可见,以溜冰展开民族主义的象征资本再生产过程:通过对溜冰建构起阶级分析、领土主权、传统文化的表征性事实,将民族主义的更多内涵编码到民众的日常认知中,也以民族主义的象征性权力重新编码国内的社会文化秩序,从社会阶层、领土主权和历史感的方面形成对民族国家更具体的理解,建立本国的文化认同和民族国家认同,促使民族主义深入人心。

第四节　冰雪文化的市场化政治

不仅国家、知识分子都极力借溜冰展开民族主义的构建和号召,民众也积极参与到溜冰与民族主义的话语中,体现出中国历史上民利主义市场化政治的特点。

1932年天津北宁路局在种植园旧地举办化装溜冰大会,"各报记载,都不直其事,以为沪案炮火未息,娱乐本非其时,言之自亦成理,记者适亦与会,兹以见闻所及草印象记以志所感"。个中细节值得玩味:

"大机关主办任何事件,去了容易得着相当的成绩外,还可添自家做无上好的广告呢,"朋友这样的说着,"这叫

---

[1] 郭磊:《冰上"老炮儿"》,《中国体育报》2017年7月3日。

▲图3-27
1932年天津北宁路局举办的化装溜冰大会之溜冰者合影（周振勇 摄影，《天津商报画刊》1932年第4卷第21期）

作活动广告"，我答应着。

化装会的成功——至少从到会的人数和运动的精神上讲，倒能挽回一些专向英国球场跑去滑冰者的利益；这也可名之日爱国。……化装滑冰会，在国难临头的时辰开会，其能引起一部分人的反感，亦实在是无法可想的。会长王处长奉瑞君早想到这一层，所以在"无论如何终得说几句话"的开幕词中，就引证德国运动强国的话，来缓和形势，实在是有道理的。[1]

由此可见，参与溜冰的青年借着"大机关主办"的活动为"自家做无上好的活动广告"，而且因为没有跑去英国球场而是前来参加本国主办的化装溜冰会，可博得"爱国"之名。溜冰会会长则"引证德国运动强国的话"来缓和舆论冲击。可见，随着国内政治局势日渐紧张，民族主义话语成为一种文化资源，被不同的社会群体引用来为获取自身利益和社会空间提供合法性。每一场溜冰会开幕致辞中强调"体育救国"：

开幕典礼即于全体欢呼中开幕。首先奏乐，声调悠扬，由马永春作临时司仪，升旗行礼。……旋由冰场主办人马仰

---

[1]《北宁滑冰会印象记》，《体育周报》1932年第1期。

▶ 图 3-28
孙科的夫人为优胜者发奖
（1935年华北冰上运动会，
《老实话》1935年第55期）

波报告称，诸位来宾，能对体育热心提倡，将来定能复兴我们民族。本冰场虽为营业性质，但提倡体育未敢后人。因滑冰可强健身体，以自卫以救国，方才是本场所生影响云云。继有来宾王石子，及比国使馆玩将彬熙相继演说，均对体育救国有所发挥。[1]

溜冰女性作为"健康女子""健康母亲"的表征，以民族主义话语来裹挟女性，动员女性参与溜冰，以改变自我来改变民族国家的积弱，且符合以妇女解放作为民族复兴之路的民族主义话语。因此，亦有女性借由民族主义话语获得了自身地位的提升：

北平不就正是在冬季的时候，私中、市中、五大、女子全市的比赛紧张的时期呢，我们的皇后就快产生了。……到开运动会的时候，是她们最幸福的时候了，因为那时可以一举成名，博得一个冠冕堂皇的"体育家""体育皇后"头衔，至少也能在几千对眼睛前出出风头哇！更有记者追逐着拍照，签名，访问，在报上大大的捧一顿，只要她对他新闻记者们稍露颜色，第二天报上决不能有太坏的记载，并且在访问问到"心得"，她还可以像话匣子似的说些什么努力，讲

---

1 佚名：《北平溜冰已上市漪澜堂冰场开幕》，《新闻报》1934年12月13日，第0013版。

△ 图3-29　左：周宝玲、周惠玲两位明星在溜冰场上给观众签名　右：观众及溜冰场鸟瞰

图文："她们在大自然真正的银幕下作实地表演，别的明星是使人娱乐，她们则在训练自己的健康与勇斗。"

（田英魁 摄影，《北晨画报》1937年第11卷第6期）

卫生，健康救国，不应死读书，运动调和脑筋等等冠冕堂皇的议论发表，记者更会用什么"康健之花"大捧一顿。自然不但她自己自命不凡了，就是师长同学都能表示对她好感，情书求爱信也不免的要多费她自己点眼睛。[1]

△ 图3-30
《中国康健月报》1932年12月封面（李祥 供图）

这篇介绍北平女学生的文章中将女学生分为四类：交际花派、体育皇后派、活动派、大家闺秀派。"体育皇后派"则举了北平溜冰热为例，认为她们溜冰是为了皇冠、记者访问、异姓的追逐，借"健康救国"等"冠冕堂皇的议论"来为自己增添光彩。尽管并非所有溜冰女学生都有此动机，但确实有一些演艺明星、舞女等借由溜冰及其表征的民族主义来获得关注。而记者们也乐于发表"冠冕堂皇的议论"，按照"妇女解放—民族自强"的一套民族主义叙事进行报道，符合民众的口味，从而增加报刊销量。

此外，政治精英也乐于参与溜冰会。1931年3月1日在辽宁举办的化装溜冰竞赛上，张学良之子张闾珣和张闾玗均参加比赛，引起更广泛的社会关注，来宾及观众达1300余人。[2] 张学良之妻于凤至女士

1　苏弈林：《北平女学生的动态》，《中国学生》1936年第2卷第13期，第10–13页。

2　公季：《记沈阳第二次化装溜冰会》，《天津商报图画半周刊》1931年第5期。

▶ 图 3-31
北平青年会主办的赈灾化装溜冰会（严义 摄影，《良友》1937 年第 126 期）

全程观看了滑冰会，对冰场上的表现极为嘉许。[1] 他们的参与不仅为溜冰场吸引更多人流，而且也为自身赢得民众的支持。

胡也频的小说《到莫斯科去》描写了一位"雄谈的政治家"徐大齐的行动逻辑：

> 徐大齐噙着雪茄烟的烟丝，一面叙述而且描写着化装溜冰的情景，并且对于素裳的不参加——甚至于连看也不去看，深深地觉得是一个遗憾，因为他认为如果她昨夜是化装溜冰者的一个，今天的各报上将发现了赞扬她而同时于他有光荣的文字。他知道那些记者是时时刻刻都在等待着和设想着去投他的嗜好的，至少他们对于素裳的化装溜冰比中央第几次会议的专电还要重要！所以他这时带点可惜的意思说："只要你愿意，我就用我的名义再组织一个化装溜冰大会，恐怕

---

[1] 止观：《第二次小河沿化妆滑冰赛会参观记》，《大亚画报》1931 年第 285 期。

△ 图 3-32 辽宁沈阳汉卿教育基金委员会举行的化装滑冰竞赛会

（东北新闻社 摄影，《良友》1931 年第 55 期）

比这一次更要热闹呢。那时我装一个拿破仑；你可装一个英国的公主。"

可见，政治精英借化装溜冰会这一文化资本来获得更多的社会资本。其中也道出记者的行动逻辑：投政治家所好，也投民众所好——对溜冰加以民族主义的发挥，可以取悦政治家，得到冰场主欢迎，而且普通民众对化装溜冰比对"中央第几次会议的专电"感兴趣得多。

商人、青年男女、报社记者，甚至政治精英共同加入溜冰的民族主义叙事，并在其中各取所需，皆大欢喜。将民族主义叙事引入溜冰之中，不仅使溜冰获得了政治合法性，不同的实践者也通过加入民族主义话语来争取自身的利益，获得经济资本、社会资本。与此同时，他们也不断地以自身的行动将民族主义意识带入了日常生活，主动参与到民族主义的文化实践之中，将"民族国家"做到自己身边。

北平冰雪文化中呈现的民族主义及其日常叙事，令我们思考民族主义思潮以何种方式进入普通民众意识与生活，又以何种方式参与到变革时期的新国家建构过程中，特别是民族主义如何存在于民众的日常生活实践中。国家与各社会群体出于不同的实践动机与时代需求，将一个新的民族国家意识融进民众的日常生活中。民族主义成为近代民族国家秩序得以建构的文化动力。

第四章
民国冰雪文化与女性现代性的塑造

本章透过民国时期北平溜冰新潮中的女性故事及其现代性叙事，围绕西方现代溜冰文化影响下所体现在女性文化中的民族主义、妇女解放等文化实践，探讨溜冰等新潮文化对女性现代性的塑造以及由其所体现的现代冰雪文化。

第一节　冰雪文化与妇女解放

妇女解放运动将女性从深闺推到了社会聚光灯下。冰雪之中的女性尤其受到摄影师的青睐，在报纸杂志中能看到众多女性的身影。冰天雪地中走出家门、走向社会的女性，成为"新女性"代言人。

近代以来，女性之所以成为关注对象，是因为女性形象承载着中国现代性焦虑，成为凸显中西方差异、想象自我与他者之间复杂关系的具象载体。"新女性"形象在中西方文化碰撞中作为一种现代性想象的载体而被建构起来。[1] 以茶花女、罗兰夫人等西方女性形象作为现

---

[1] 胡缨:《翻译的传说：中国新女性的形成（1898—1918）》，龙瑜宬、彭姗姗译，南京：江苏人民出版社，2009年。

△ 图4-1 左：北平沈时敏女士赏雪小照（李尧生 摄影，《图画晨报》1934年第86期）

右：罗裴女士打雪图（徐雁影 摄影，《图画晨报》1934年第96期）

△ 图4-2 左：立于雪中的张蒨英女士（冯四知 摄影，《图画时报》1933年第905期）

右：冰上英雌周国淑女士（许祖荫 摄影，《妇人画报》1937年第44期）

第四章　民国冰雪文化与女性现代性的塑造

△ 图 4-3 冰上新女性

从左到右：华北运动会滑冰比赛的北平选手（宋心灯 摄影，1935 年）；林秀莲获女子组天津北宁滑冰比赛第一名（安国霖 摄影，1935 年）；天津网球女将梁佩瑶（中）梁佩瑜（右）在北宁滑冰场上（倪焕章 摄影，1932 年）

代文明的表征，中国传统女性则以缠足被视为落后野蛮的证据。[1] 实际上，女性只是话语争论的"焦点"，而将女性放在进步—落后的框架下去理解，本身就是一种文化殖民的话语。而身处话题中心的女性如何理解自我、如何处理自我主体与现代性之间的关系，是我们关注近代冰雪文化中女性现代性的出发点。

女性的主体性始终是女性主义思潮及其影响下诞生的性别研究所关注的主题，女性的人类学研究主要经历了三个理论阶段：（1）女权主义阶段，特点是比照男权的女权运动。以波伏娃（Simone de Beauvoir）《第二性》为代表，认为女性被男性主导的社会"处境"定义为"他者"。父权制和父权意识将女性置于生育的劳动分工中，导致了女性的"内在性"，生成了女性自在的、内在性的自我，而男性则是外在的、超越性的自我。[2] （2）女性主义阶段，反思以男权中心为标准，主张女性自己的中心。以罗萨多（Michelle Rosaldo）等主

---

[1] ［美］高彦颐：《缠足："金莲崇拜"盛极而衰的演变》，苗延威译，南京：江苏人民出版社，2009 年。

[2] 西蒙娜·德·波伏娃：《第二性》，陶铁柱译，北京：中国书籍出版社，2004 年。

▶ 图 4-4
1931年北平北海化装溜冰会（李尧生 摄影，《文华》1931年第18期）

编的《妇女、文化与社会》[1]、雷德（Rayna R. Reiter）主编的《迈向妇女人类学》[2]为代表，女性人类学关注不同地域社会中的女性及其文化，将女性放在社会文化结构，阶级、种族等社会权力关系中去理解自身的主体性问题。[3]但女性的主体性更多源于原有的社会文化结构，并未打破原有社会秩序，甚至强化了原有结构。[4]然而在批评比

1　Michelle Z. Rosaldo & Louise Lamphere（eds.），*Woman, Culture & Society*, Stanford: Stanford University Press, 1974.

2　Rayna R. Reiter（ed.），*Toward an Anthropology of Women*, New York: Monthly Review Press, 1975.

3　潘杰：《女性人类学概说》，《民族研究》1999年第4期。

4　满柯：《能动性理论与女性人类学的发展研究》，《北方民族大学学报》（哲学社会科学版）2016年第3期。

▲ 图4-5 "玉体横陈"（故都某大学学生集雪堆成之模特儿，田英魁 摄影，《北洋画报》1936年第28卷第1369期）

照男权的女权运动之后，女性主义对自身的独立自我之追求依然没有摆脱以男性主义作为潜在标准的阴影。（3）性别（两性）研究阶段，反思以男性为标准或依然比照男性中心的女性中心观点，认为社会性别（gender，两性关联）是文化和历史的建构，是社会文化实践的总效果，主张要把女性和男性共同放到文化和历史时空中进行思考。受到后现代解构主义影响，"男女平等"及两性"压迫—被压迫"关系被反思和解构，认识到男性与女性同样经历和实践权力。[1]布尔迪厄（Pierre Bourdieu）用实践理论阐释了社会塑造个体的性别倾向（gender disposition），因而在女性与男性共谋中强化了性别化的社会规范的实践逻辑。[2]

近代以来中国妇女史的书写实践也受到上述女性主义思潮影响，中国女性的主体性经历了一个从"抹杀"到"重现"的过程。1926年出版的《中国妇女生活史》被称为"中国女性史开山之作"，旁征博引历数从秦至清的传统社会对女性的压迫，继而解缠足、兴女学、争女权的历程。[3]该书集妇女解放话语之大成，影响深远，女性成为需要被解放的客体而成为公共议题，而"压迫—解放"的论述将女性

---

[1] 柏棣：《平等与差异：西方后现代主义女性主义理论》，鲍晓兰编：《西方女性主义研究评介》，北京：生活·读书·新知三联书店，1995年，第1—18页。
[2] ［法］皮埃尔·布尔迪厄：《男性统治》，刘晖译，北京：中国人民大学出版社，2017年。
[3] 陈东原：《中国妇女生活史》，上海：上海文艺出版社，1928年。

△ 图 4-6　1935 年第十九届华北运动会女子 250 米决赛的起点（郭磊 供图，《勤奋体育画报》1935 年第 2 卷第 5 期）

△ 图 4-7　左：北海公园女子百米溜冰比赛一等奖获得者熊敏贞（李尧生 摄影，1930 年，http://zhaojunyi.blog.siyuefeng.com/article/11856）
　　　　　右：北海公园女子百米溜冰比赛二等奖获得者高淑贞（李尧生 摄影，1930 年，http://zhaojunyi.blog.siyuefeng.com/article/11856）

在历史中的主体性和能动性一笔抹杀，[1]忽视了中国社会以及身处社会文化脉络中的女性在面对西方现代文化时的主体能动性：冰雪文化中反映出来的女性现代性，反而是在伴随着西方文化冲击下的一种文化吸引和交融的产物。

20世纪80年代以来，女性研究兴起，曼素恩（Susan Mann）、高彦颐（Dorothy Ko）等一批海外学者聚焦中国女性自身的主体性，对明清才女、缠足进行历史梳理，女性的主体性从"五四妇女史观"中被挖掘出来加以分析，开始反思妇女解放的话语建构性。关于近代女性的研究逐渐意识到近代妇女"解放"是一整套有关女性的知识生产，知识分子建构起被压迫的女性形象，合理化为解放者的现代角色。[2] "新女性"作为一种社会神话与问题，被赋予了道德、责任、观念层面的种种意义，成为重要的政治和文化整合资源。[3]也有学者强调近代中国是以国家或政治的标准来定义"女性"的。[4]

在这一历史背景下，近代女性的主体性受到主流意识形态的庇护又局限于游移更替的主流。正如克莱顿（Cathryn Clayton）所指出，通过用现代性的叙事来定义国家，民族主义者创造出传统"他者"并努力使自己及其国家与这"他者"区别开来。[5]中国女性的形象成为中国区别于西方、能否具有现代性的重要标志物。[6]民族主义者致力于反缠足、兴女学等妇女解放运动，是因为女性的现代化改造本身就是建

---

1 ［美］高彦颐：《"空间"与"家"——论明末清初妇女的生活空间》，载邓小南、王政、游鉴明编：《中国妇女史读本》，北京：北京大学出版社，2011年。

2 秦方：《被记住的与被遗忘的：近代有关"七出三不去"的话语演变》，《妇女研究论丛》2018年第6期。

3 海青：《伤逝：对民国初年新女性形象的一种解读》，载杨念群编：《新史学（第一卷）：感觉·图像·叙事》，北京：中华书局，2007年。

4 Christina K. Gilmartin, Gail Hershatter, Lisa Rofel & Tyrene White (eds.): *Engendering China: Women, Culture and the State*, Cambridge, Mass.: Harvard University Press, 1994, pp. 7–10.

5 Cathryn Clayton: Nationalism and Tradition in China, 1995, Anthropology Department, University of California, Santa Cruz. Photocopy. 转引自［美］罗丽莎：《另类的现代性：改革开放时代中国性别化的渴望》，黄新译，南京：江苏人民出版社，2006年，第24页。

6 ［美］罗丽莎：《另类的现代性：改革开放时代中国性别化的渴望》，黄新译，南京：江苏人民出版社，2006年。

▲ 图 4-8 "妇女与抗战"组图（宋致泉、石万里 摄影，《东方杂志》1937年第34卷第3期）

上：山西妇女慰劳队到平地泉，举着"绥远抗战妇女代表团"横幅

下：太原女师看护队在冰天雪地中行赴前线

▲ 图 4-9 溜冰场上的女性

左："溜冰之乐乐融融"（李大钧 摄影，《北洋画报》1934年第22卷第1051期）

右：1935年北平化装溜冰筹赈会上穿旗装的三位女士（语村 摄影，《北洋画报》1935年第25卷第1207期）

构一个现代化民族国家的方式。这些讨论深化了女性现代性与中国社会现代化转型的关联。这些研究与沟口雄三等日本汉学家关注中国自宋以来内生的现代化动力[1]、柯文（Paul A. Cohen）主张的以"中国中心观"（China-centered approach）来理解近代中国历史[2]的思路相近，主要立足于中国的历史传统，以中国为主位来理解中国的现代性。但问题是"中国中心"与"西方中心"实质都是一元化的"中心"思维。[3]然而，围绕女性的冰雪文化反映出来的恰恰是一种多元文化的互动。中国女性的现代性是在民族国家建立的过程中，在中西方文化的互动、互融、互益过程中逐渐形成的。

二、冰雪文化中的女性现代性

20世纪20年代以来，溜冰风靡华北，成为冬季最摩登的运动，男女青年纷纷穿上西式溜冰鞋，无论冰场还是报刊上都洋溢着新青年、新女性、新社会的气息。这一现代冰雪文化见证了都市女性的转型——溜冰场成为"新女性"的舞台，大众媒介将溜冰与新女性形象一并送入公众视野。1942年发表的连载小说《大众情人》中有这样一段描写：

> "……她不但是一位溜冰的能手，而且是一位交际大家。溜冰，是小焉者了，大而至于跳舞、骑马、游泳、开汽车、划船，诸般运动技艺，可以说是无所不能，无所不精，不但此也，而且她的言行举止，也都是落落大方，毫无小家子气。这真无愧是大家出身，大家风范了！"……但听他笑

---

[1] [日]沟口雄三：《中国的历史脉动》，乔志航、龚颖等译，北京：生活·读书·新知三联书店，2014年。

[2] [美]柯文：《在中国发现历史：中国中心观在美国的兴起》，林同奇译，北京：中华书局，1989年。

[3] 孙歌：《作为方法的日本》，《读书》1995年第3期。

▶图 4-10
民国时期《滑冰图》(李祥 供图,天津机织印染总厂出品)

道:"但是这位白小姐,她可是处女么?"……"处女!绝对是处女!"[1]

这是小说中的女主角白若冰,一位溜冰场主邀请来为冰场开幕剪彩的冰上名人。这位白小姐拥有着"很西方很现代"的一面——走出家庭、游刃于社会交际,通晓各种西式运动;也有着"很中国很传统"的一面——恪守贞节的处女,被男性观看的"大众情人"。相比于放足一类的被动改造,溜冰新潮是她们的主动追逐。

晚清至民国以来,反缠足、兴女学运动将改造女性身体作为"强国强种"的民族自救方式,都市女子纷纷放足,进入新式学堂,体操课成为必修之一。[2] 随着新文化运动、女权运动、家庭革命的兴起,都市女性更积极主动地参与社会生活,走出家庭、男女平等、自由恋爱成为时尚的追求,同时也在五四前后反传统、学西方的大潮流下得到社会舆论的支持。"健康美"与民族、中西文化、妇女解放等各种话语交织,在 20 世纪 20 年代后期成为时髦名词,不仅成为都市男青年

---

[1] 李薰风:《大众情人》,《全家福》1942 年第 4 卷第 1 期。

[2] 张娟:《运动中的新女性——近代中国女子体育价值观的转变》,《中国体育科技》2014 年第 6 期。

图4-11

冰上男女的健美身影（田英魁 摄影，《北晨画报》《北晨画刊》1937年第11卷第6期）

择偶标准，也得到都市女青年的认同与践行。[1]在这样的背景下，新潮溜冰作为一种西方的、健美的、男女共同参与的运动，成为一种现代性的表征而广受欢迎，而溜冰场则成为都市女性展现其现代性的舞台。

由于西式冰鞋、溜冰场门票均是不小的开销，穿上冰刀溜冰的女性，以家境宽裕的女学生或女性知识分子为主（如萧淑芳、林海音等）。她们都是大众媒介与舆论塑造的现代新女性典范，大量报道将她们的溜冰形象与民族国家、妇女解放联结，一起推向公众视野。但溜冰场上也不乏借参与溜冰来标榜自己属于"新女性"、争取社会资本的贵妇、舞女、明星、交际花。此外，观看溜冰的女性，无论是在溜冰场边上，还是通过大众媒介阅读，尤其是在举办化装溜冰大会时"女眷尤众，笑谑相闻"[2]，她们同样是身处冰雪文化中的参与者。但由

---

[1] 游鉴明：《近代中国女子健美的论述（1920—1940年代）》，载游鉴明编：《无声之声（Ⅱ）近代中国妇女与社会（1600—1950）》，台北："中央"研究院近代史研究所，2003年，第141-172页。

[2] 王郎：《北海万国化装溜冰会纪盛》，《北洋画报》1928年第156期。

▶ 图4-12 萧淑芳姐妹与姑姑们一起溜冰合影（吴宁 供图）

于资料所限，我们无从了解她们在观看溜冰或化装溜冰会后的声音。囿于参与溜冰与观看溜冰的女性的直接表述都极为稀少，本章主要选取民国时期报纸杂志中关于溜冰女性的报道、趣闻、文学作品作为分析材料，从中体会卷入现代化进程且在诸多话语裹挟下的都市女性的主体性。

从溜冰场上与白若冰小姐相似的女性身影，可见她们不断在跨越"东方－西方""传统－现代""病弱与健康"等诸多的文化界限，进行"跨文化"的自我塑造。作为行动主体的女性，她们面对国家兴亡、妇女解放以及新女性等不同"现代性"（modernity）命题，进行着多重自我"它性／他性／她性"（otherness）的文化建构。由此可以思考以女性现代性为特点的近代冰雪文化之一面，有助于理解近代中国的现代化转型。

本章所论的"现代性"概念，来自美国人类学家罗丽莎（Lisa Rofel）在《另类的现代性》中的定义："把现代性看作一种地域化的文化想象，它产生于东西方分界带来的差别关系中并使其永久化。"[1] 罗丽莎在中国丝绸厂女工的研究中，用跨文化的视角将现代性理解为"根植于特定历史文化中的本土实践"。在这个意义上，"现代性"也

---

[1] ［美］罗丽莎:《另类的现代性：改革开放时代中国性别化的渴望》，黄新译，南京：江苏人民出版社，2006年，第2页。

△ 图 4-13　北海仕女作溜冰大会（蒋汉澄　摄影，《图画时报》1929 年第 535 期）

上左：第一师范陈燕霞女士

上中：萧粹华女士英华女士

上右：贝满女中沈家瑷女士

下左：欧洲男女厌舞场沉闷亦作溜冰之举

下右：北平省立女一中萧美贞女士、萧淑明女士、萧淑熙女士、萧淑芳女士，均音乐家萧友梅之侄女

是用来表达中国在接受西方现代文化的特定历史过程中，传统文化与现代文化之间产生的分界和差别关系，是中国走向现代社会所赋予其的文化想象。由此，近代"女性现代性"是指中国女性在近代跨文化互动中接受西方现代文化的一种本土实践。它既不是本土的自发生成，也不是对西方现代文化的简单复制。

妇女解放将女性拉到了社会聚光灯下，不仅成为精英笔下的公共议题，也成为社会生活的重要参与者。以往的研究强调女性在近代妇女解放话语中被建构，成为表征现代性的符号[1]，而忽略女性的主位视角。如何理解现代化中的女性主体性？又如何理解近代中国的现代化逻辑？东西方以怎样的方式围绕现代化展开文化的碰撞？流心指出人们通过"重构自己所依生的道德空间"使自身变为"自我的他者"，"即他对于自己是什么样的人或者应该成为什么样的人，产生了与以往截然不同的理解"，而"主体性的打造，可看作解读的行为或是结构错置的效果，它本身是在历史中制造出来的。因此，对历史的理解，意味着不仅要以'我们'作为视角，而且还要了解历史上'我们'如何被建构而成"[2]。孙歌指出，跨文化互动的发生始于一种文化内部对自身自足性的怀疑，此时异文化才能成为自我认知的媒介，从而使本土知识发生结构性的改变，"创造文化主体非实体化的'主体性'"[3]，主张在多元流动的时间和空间中去定位东方的主体性——处于弥散状态的主体及主体性建构过程。[4]从这个认识论出发，在跨文化互动的过程中发现"自我"，追问"我们的历史到底有没有自己的逻辑？"[5]孙歌延续日本思想史家的思考脉络，以追求"亚洲原理"的思

---

[1] ［美］罗丽莎：《另类的现代性：改革开放时代中国性别化的渴望》，黄新译，南京：江苏人民出版社，2006年，第19-21页。

[2] ［美］流心：《自我的他性——当代中国的自我系谱》，常姝译，上海：上海人民出版社，2004年，第120-121页，第157页。

[3] 孙歌：《主体弥散的空间——亚洲论述之两难》，南昌：江西教育出版社，2007年，第11页。

[4] 孙歌：《命名的困难》，载孙歌：《主体弥散的空间——亚洲论述之两难》，南昌：江西教育出版社，2007年，第9页。

[5] 孙歌、吴海清：《"作为方法的亚洲"的思想可能性——孙歌访谈》，《电影艺术》2019年第6期。

想实践来超越西方霸权，用这个思考过程来建构东方的主体性。

鉴于以上思考，以下三节具体围绕近代民族主义、性别文化、西方文化三个现代性议题展开分析：（1）认为民族主义建构了女性自我现代性中的"它性"，并确定了溜冰新潮冰雪文化的某种社会合理性；（2）妇女解放中的男性虽然被贬低，却依然在自觉不自觉中构成了现代女性重塑自我的"他性"；（3）"新女性"将西方女性拉入塑造现代性的时空感中，构成了自我现代性的"她性"。总之，女性的现代自我是在"现代性"的主体实践中构建的，自我的"它性／他性／她性"是促成中国近代社会女性现代性转型的动力。

第二节　民族主义的"它性"自我

在现代性话语中，女性被分割为"传统女性"和"现代女性"。民族主义和国家现代化话语下的城市女性被区隔为两类形象：（1）落败的传统才女。如明清女性的研究论证了明清时期上层女性通过诗词写作，组建女子诗社、出版大量诗选而成为"才女"并活跃于社会。[1] 但是在民族主义的语境下，这些"才女"赖以立足之"才"被定义为过时而无用的，如梁启超所言："古之号称才女者，则批风抹月，沾花弄草，能为伤春惜别之语，成诗词集数卷。斯为至矣。若此等事，本不能目之为学。"[2] 破旧而立的是对"女学"的重新定义："泰西女学，骈阗都鄙，业医课蒙，专于女师……采泰西之美制，仪先圣之明训，急保种之远谋。"[3] 胡缨认为，梁启超此举"同时埋葬了传统的

---

[1] ［美］高彦颐：《闺塾师：明末清初江南的才女文化》，李志生译，南京：江苏人民出版社，2005年。

[2] 梁启超：《变法通议》，载梁启超：《饮冰室合集·文集之一》，北京：中华书局，1989年，第37—44页。

[3] 梁启超：《倡设女学堂启》，梁启超：《饮冰室合集·文集之二》，北京：中华书局，1989年，第19页。

▲ 图 4-14
代表英国参加世界滑冰大赛之十一岁女郎姑丽枝女士（《体育周报》1932年第1期）图文："如此妙龄能为国家效力，不但为妇女界放一异彩，即在世界运动史上，亦为有光荣之事也。"

▲ 图 4-15　1935年华北冰上运动会女子1000米决赛冠军（北平队孙仁实（右）、亚军河北队汪伯兰，《图画周刊》1935年第284期）

▲ 图 4-16　王树身女士与刘懿志女士在北宁滑冰场上并肩滑冰（安国霖 摄影，1935年，http://zhaojunyi.blog.siyuefeng.com/article/11856）

才女和由才女转喻性代表的传统高等文化"[1]。可见，民族主义将女性教育与强国保种的叙事相联系，自此"传统才女"被塑造为现代民族的"它者"而被否定、被排斥。(2) 现代的国民之母。妇女被民族叙事赋予了双重社会责任：对外是民族形象的展示，对内是民族延续的贤妻良母。随着国家、国民等政治观念的进入，女性在"善种"的基础上进一步被表述成"国民之母"[2]，认为只有培育强健的、有现代才智的"国民之母"才能养育强健的、现代化的国民。

在这一背景下，女性体育运动也成为学校教育的重要部分。起初以"尚武"的体操课为主，到1922年北洋政府颁布《学校系统改革令》，学校教育从模仿德国、日本改为模仿美国，体操课改为体育课，体育活动种类更为多元，田径、球类、游泳、滑冰等现代体育项目陆续进入体育课程。[3] 北方的大中学校陆续在冬天开辟冰场供学生溜冰[4]，溜冰大会成为各校的重要活动：

> 开幕时，首由该校校长朱启明致词，略谓，溜冰为冬季最良运动，全身各部皆有活动机会，今日化妆溜冰实含有提倡之意。近来少男少女，每以溜冰为社交工具，实属不当，吾等应为运动而溜冰云云。[5]

从这段文字可见，以"强国保种"之名进入校园的溜冰，却因社交属性而被少男少女主动接纳。开幕式的校长讲话强调"体育救国"，意在提醒成长中的少年们自身作为"新时代"社会主体的意义与强国保种的社会责任。可见，尽管出于不同的实际动机，校长和记

---

[1] 胡缨：《翻译的传说：中国新女性的形成（1898—1918）》，龙瑜宬、彭姗姗译，南京：江苏人民出版社，2009年，第10页。

[2] 金天翮：《女界钟》，上海：上海古籍出版社，2003年，第4页。

[3] 游鉴明：《近代中国女子的运动图像——1937年前的历史照片和漫画》，台北：博雅书屋，2008年，第15页。

[4] 郭磊：《冰上运动与体育救国》，《中国体育报》2017年7月17日，第12版。

[5] 无名：《北平市立一女中化装溜冰表演》，《新闻报》1934年2月2日，第0013版。

▲ 图 4-17 燕京大学溜冰场之一角

(《北平燕大溜冰场所见》,《图画周报》1931 年第 737 期）

▲ 图 4-18
溜冰化装第一名赵丽莲女士
(右)(《良友》1931 年第 55 期)

者,乃至于溜冰女性均乐于赋予溜冰以一种现代的、与民族国家命运相连的社会文化意义,并积极主动地借溜冰的民族主义象征资本进行社会再生产。

有学者从体育运动的角度关注"新女性",认为学校体育作为国家规训女性身体的技术,近代国家权力通过体育使女性身体呈现国家化、民族化特点。[1]这种规训如何被女性接受成为自我的一部分呢？著名音乐家萧友梅的侄女、后来成为画家的萧淑芳是当时冰场上的名人,当她 40 年后回忆起北海溜冰,也将自己的美好青春与辛亥革命带来的社会革新联系在一起：

> 封建时代的这座皇家花园,老百姓是不能涉足的。辛亥革命后,北海辟为公园,我才有可能在这碧山清漪、楼台倚廻的胜景中度过我的青少年时代。那时我家住在府右街,经常去北海和中南海游览,尤其是北海。……三九严冬,水

---

[1] 潘丽霞：《权力、身体与性别：中国近代女性学校体育实践》,《上海体育学院学报》2019 年第 2 期。

冻冰坚，冰刀滑过，嘶嘶作响，在冰上滑行，宛如置身水晶宫，飘飘欲仙。这个景色宜人的场所，真是青少年们锻炼身体的好地方啊！[1]

萧淑芳后来关于北海溜冰的画作也着力呈现着革命带来新青年、新社会的昂扬姿态。可见，民族主义下的冰雪文化中，新一代的女性全然接受了民族话语赋予的新责任，将过去封装进"封建时代"，建构起作为"新女性"的道德主体。

◁ 图4-19
左：北平第一女子中学高才生萧淑芳女士（蒋汉澄 摄影，《良友》1929年第34期）
右：北平队萧淑芳女士（华北冰上运动会女子花样表演代表北平队获得第一名，李尧生 摄影，《中华（上海）》1935年第32期）

---

[1] 萧淑芳：《四十年前我画北海白塔》，《紫禁城》1982年第5期。

△ 图 4-20　1935 年华北运动会河北省男女选手（《老实话》1935 年第 55 期）

之所以发生道德观念改变，与冰场上的整体叙事有关：

> 二日晨九时起，男女青年，肩负冰鞋，群奔北海。十二时，漪澜堂前，已集有冰上健儿百余人，茶座中乱成一片，其中各校学生占大多数。汇文中学冰球健将欧阳可宏等十余人，以球棍代步枪，在冰上作"毙人"之剧，其一举一动，滑稽突梯，颇饶兴趣。童子军教练马永春，戎装登场，大耍花枪。北大冰迷若干人，因本校冰场尚未开幕，故多来此间赶早，各着军训制服，颇引人注目。场中女将约达四十人，多属慕贞等校学生，成群结队，笑语喧天，兴趣浓厚异常。萧淑芳女士偕乃妹并三友人飞舞场上，日暮始归。[1]

冰上空间的叙事潜移默化地改变着人们的时间感知："步枪"毙人之剧、童子军教练耍花枪、着军训制服的北大学生、成群结队的女校学生，充满了新社会、新青年、新气象的氛围。值得一提的背景是，1925 年开始皇家园林陆续辟为公园开放，冬日湖面曾是皇家观

---

[1] 无名：《冬之景：北海青年男女溜冰热》，《时事汇报》1934 年第 1 期。

△ 图4-21　1935年华北运动会冰上表演大会的女选手（《老实话》1935年第55期）

赏"国俗"冰嬉的空间，而今成为百姓的溜冰场，无疑让所有人都感受着国家之新，溜冰者与看溜冰者也切身地感受着自我之"新"。

媒体在冰雪叙事中起了推波助澜的作用，与不久前用小脚女性照片来抨击传统的不堪一样，这一时期的报纸杂志大量刊登着"新女性"溜冰的照片来展示社会新面貌，哪怕文字内容并无关联，也以溜冰女性作为插图。[1]

如流心所言："在特定的历史处境下，借助一种新型的时间概念，自我道德空间被予以重组，由此，成为他者得以可能。有关时间的问题，是在追问我们的现世之存在，何以被内在地塑造出来。"流心论述了三种时间感知的经验：传统时间是"继嗣的时间"，由过去作为导向，现在由过去形塑；革命时期的时间是"期待的时间"，以未来为导向，现在孕育未来；革命后的时间是从过去—现在—未来之链中脱离，今天仅是今天。[2] 对近代女性而言，民族话语及其影响下的冰雪文化以破旧立新的方式改变了人们的时间感知，抛弃过去作为导向的传统时间感，转向以未来作为导向的"期待的时间"，即女性自我的"现在之存在"定位于"旧社会—妇女解放的现在—未来现代化的民族国家"时间链条中。从解缠足到兴女学，时人的时间感

---

[1] 《图画周刊》，1935年1月12日。

[2] ［美］流心：《自我的他性——当代中国的自我系谱》，常姝译，上海：上海人民出版社，2004年，第121—145页。

▷ 图 4-22
华北的三姐妹在冰上留影
（《科学画报》1936年第3卷第13期）
图文："滑冰时冬天最好的一种户外运动，我国人，尤其是北方人，早已娴熟这种技能。上图是华北的三姐妹在冰上留影，你看她们何等健美！"

被割裂出了"新—旧"社会的鲜明对比，空间感也在"国内—国外""强—弱"对比中寻找定位。在这种临界阈限的秩序转型中，女性自我的重构得以成为可能。在一个全速向前的革命时间里，溜冰场成为一个女性参与的文化重构空间。溜冰吸引女性的魅力，就在于它让女性切身地感受到一个处于全新的革命时间中的自我，契合了女性作为"新女性"的自我认同，切身体认到自我存在于现代化进程中的价值感，由此融入现代民族对女性的"它性"重构之中。有学者认为女性并非主动建构民族或现代国家对于自我的"它性"，反而在被国家现代化裹挟中失去了主体性。如高彦颐认为女性的主体性和能动性被"封装"进巨型民族历史叙事中而被抹杀。[1] 一般来说，底层或者边缘人群的确可能处于被某些国家观念裹挟的境遇，但是从女性冰雪文化的实践来看，无论精英女性还是平民女性，都有着自己的能动主体性。在溜冰场这片去性别边界、去社会等级、去西方东方差异的包容文化空间中，无论是作为溜冰者还是观众，她们都在重新构造"自己应该成为什么样的人"及其所依存的道德空间。换句话说，民族话语在定义女性作为现代性"它者"的同时，也在道德上重新建构了女性的主体性。

---

1 ［美］高彦颐：《缠足："金莲崇拜"盛极而衰的演变》，苗延威译，南京：江苏人民出版社，2009年，第43—44页。

第三节　妇女解放下的"他性"自我

近代妇女解放的两大重要举措：反缠足、兴女学，将传统女性赋予现代民族下的"它性"自我，使得传统女性面临从身体到才智的改造。如前所述，这些缠足女性、传统才女本是具有"传统"主体性、能动性的群体，她们如何面对"妇女解放"，改变自我认知呢？

自19世纪80年代开始，缠足开始成为"社会问题"，被男性知识分子和权力精英用大量叙事文本建构起来。他们认为缠足女性使国家招来"外人野蛮之讥"，又使民族面临"渐灭之厄"，被定义为"国耻"。缠足从女性主体性、能动性的身体实践，变成社会积弱、受人欺辱、民族危难的病根。[1]反缠足之后，女子的足部也从原来隐秘的性感部位而变为社会公然关注、带有"文明/野蛮"评判标准的部位。女性的脚交织了个人与民族的双重意义。高彦颐曾在放足的研究中提醒道，放足女性"只在放足那一天发出声音"而"对于她后来面对实际生活世界的情况，我们一无所知"[2]。在溜冰场上，我们看到了一个放足女性的后续故事：

> 某游戏场自添设冰场以来，生涯鼎盛，观者拥挤不堪。友人某昨于人丛中得一物，织不盈握，视之则绣鞋也，工致绝伦，意比为大家眷属所遗者。姑置诸窗旁，以待认领。及兴尽出场，果见一衣服丽都之女郎，红映双颊，其羞答答情状竟难以形容。审之不禁哑然失笑，盖正使其小婢寻觅吾友所拾得之物也，遂原璧还之，匆匆离场他去。[3]

---

[1] [美]高彦颐：《缠足："金莲崇拜"盛极而衰的演变》，苗延威译，南京：江苏人民出版社，2009年，第7—24页。

[2] [美]高彦颐：《缠足："金莲崇拜"盛极而衰的演变》，苗延威译，南京：江苏人民出版社，2009年，第5页。

[3] 宝全：《着了冰鞋失绣鞋》，《新闻报》1918年4月16日，第0014版。

△ 图 4-23　漫画：普遍流行的偏头风（《新闻报》1931 年 2 月 23 日，第 0012 版）

这篇题为《着了冰鞋失绣鞋》的文章中，女性之"羞"耐人寻味。拾到绣鞋的友人从"工致绝伦"的绣花鞋意识到是"大家眷属所遗"，可见精致的金莲鞋曾是彰显女性优越社会身份与地位的标志。但这位女性"羞答答情状竟难以形容"反映出三寸金莲的社会文化意义的转变。在反缠足运动中，小脚已公然展示成为"国耻"而被唾弃。取而代之的是穿上西式溜冰鞋的脚，带着"文明""进步""健美"的现代性标签，成为"新女性"的符号。已变形的小脚难以再放大，这位小脚女性只能寻求溜冰鞋的"庇护"，在冰上重获社会的立足空间。同是自己的一双脚，因"新"的溜冰鞋而尽兴，因"旧"的金莲鞋而羞红脸，可见作为"缠足女性"的自我已经内在地接受了民族话语的否定，而溜冰场成为女性在向往现代性的社会场域中找回自我认同的空间。

当时间感、空间感都在现代化过程中发生转变，女性走出家庭，与男性共同活跃于社会公共空间时，在男女社交中如何重新定位自我，成为新女性日常生活中最现实的问题。女权主义的呼声要求"男女平等"，坚持以男性为标准做女性，例如秋瑾说："我想首先把外形扮作男子，然后直到心灵变成男子。"[1] 1919 年，在女权主义的呼声中，

---

[1]［日］小野和子：《中国女性史：从太平天国到现在》，西安：三秦出版社，1987 年，第 63 页。

女性不再满足于只接受中等教育，呼吁"男女同学""教育公平"。当年秋天，北京大学准许了九名女生旁听。同年，蔡元培在北大正式招收女生。女性进入大学校园，男女之间的交往成为一时热潮。在日常的交往互动中，有学者认为近代西学东渐带来女性社交生活逐渐公开化、正常化，成为近代都市女性身体解放、思想解放的重要因素，如19世纪末开始流行的交际舞突破了传统的"男女有别""男女授受不亲"的礼教束缚。[1]

在实际互动中，女性如何接受外界对自身的"解放"呢？我们在被称为男女交际最适宜场所的溜冰场上看到隐藏在"男女平等"下更丰富的性别逻辑。燕京大学在1927年男校与女校合办溜冰大会，选举了一位男生和一位女生作为溜冰会的主席。[2] 另一则文章记录了此次燕京大学化装溜冰会的趣闻：

> 校中为男女生合班制，故交际一项，为课外之最要功课，而交际之机会，则以溜冰场中，为最适宜。平日每有集会，则主其席者，十九为女性，盖非是则群生必以为干燥无味，故必有少许润湿气，散布其中也。化装溜冰戏，概为反串，若许好男儿，甘愿化为阴性，而女生多饰如须眉。一密司某，独饰一虎，披一假虎皮，昂其首，摇其尾，狂啸不已。同游诸男生，初不知其为雌老虎也。一人握其尾急急摇之，且呼曰："汝何人？汝何人？"而此假虎狂叫尤甚，摇之者复加奔跳。旁有智者，见其足织俏，殊不类同性物，乃私告之曰："止！此密司也。"然将虎尾者，正当兴高采烈时，置之不信。最后此密司某，不得不露其庐山真面，而诸密司怂之尊脸，亦顿然赤化矣。[3]

---

[1] 赵凤玲：《交际舞东传与近代中国都市女性的交际生活》，《郑州大学学报》（哲学社会科学版）2013年第6期。

[2] 无名：《燕京溜冰会消息》，《燕大月刊副镌》1927年第2卷第2期。

[3] 小迂：《燕京大学之溜冰趣闻》，《北洋画报》1927年第64期。

▲ 图 4-24 "女扮男装"

左：中南海化装溜冰中的女扮男装，题为"谁是妹妹"（《中华（上海）》1933年第16期）

右：陈瑞麟女士饰白须老翁，得滑冰竞走第一（潘文玉 摄影，《北平女大化装溜冰》，《图画时报》1930年第634期）

这篇报道是以对校园女性不让须眉的赞赏口吻，表达了一种对女性地位提高的男性认可。例如认为没有女生做主席的集会"必以为干燥无味""少许润湿气"；在女性主导的冰场，男性多反串女性，可怜"若许好男儿，甘愿化为阴性"；而女性则多女扮男装、"饰如须眉"。更有一女生扮成老虎的大胆尝试让男生遭遇尴尬，当男生觉察出此虎为女生所饰时马上制止同伴的嬉戏，而这位女生的扮虎英姿亦让男生们的"尊脸"感到"顿然赤化"的脸红。这种冰场上男女颠倒的位置，一方面反映出男性中心的动摇和男性对新女性的认可；另一方面可以看到在女性地位提高的同时，她们却通过女扮男装的"须眉"之态来作为自我的表征。一张假虎皮所揭示的"男女同权"外衣下，仍是传统社会的性别观念：男女授受不亲、女性不该"露其庐山真面"。如同女权运动追求的"男女平等"，后面依然是比照男权的文化逻辑，并非以女性主体性为主旨。女性的"自我"仍然在以男性为坐标系，男性依然作为女性的"他者"，自觉不自觉地进入她们的自我主体性之中。

◀ 图 4-25
北平北海溜冰会得奖前三名：第一名赵丽莲、第二名萧淑芳、第三名萧淑庄（《图画时报》1931年第736期）

◀ 图 4-26
化装成动物形象的女性
上左：化装成"哈巴狗"的唐夫人（苏云 摄影，北大之化装溜冰，《北京画报》1930年第2卷第70期）
上中：化装成"龟将"的安占江女士（北海化装舞会，《安琪儿》1930年2月8日第16期）
上右：化装成"蚌壳精"的翊教女中安占江女士（《安琪儿》1930年第14期）
下：化装成"白兔"的女子（林悦明 摄影，《中国学生（上海）》1930年第2卷第1期）

▶ 图 4-27
北平青年会举办赈灾化装溜冰会女子组第一名张敏右与第二名关安华（左）（李尧生、左严羲 摄影，《北洋画报》1937 年第 31 卷第 1520 期）

小说《到莫斯科去》中的一段对话展现了男性与女性以化装溜冰为文化资源而各取所需的实践逻辑：

> 徐大齐嘘着雪茄烟的烟丝，一面叙述而且描写着化装溜冰的情景，并且对于素裳的不参加——甚至于连看也不去看，深深地觉得是一个遗憾，因为他认为如果她昨夜是化装溜冰者的一个，今天的各报上将发现了赞扬她而同时于他有光荣的文字。他知道那些记者是时时刻刻都在等待着和设想着去投他的嗜好的，至少他们对于素裳的化装溜冰比中央第几次会议的专电还要重要！所以他这时带点可惜的意思说："只要你愿意，我就用我的名义再组织一个化装溜冰大会，恐怕比这一次更要热闹呢。那时我装一个拿破仑；你可装一个英国的公主。"……素裳带点嘲讽地说："我尤其不喜欢看那些把怪样子供男人娱乐的女人！"

小说中的徐大齐是一位"雄谈的政治家"，他意识到化装溜冰远比中央会议专电更能吸引记者和民众的关注，是获取社会资源的好方式。溜冰是一项合作的运动，需要男女配合，对"把怪样子供男人娱乐的女人"而言，她们按照男性的喜好和要求来塑造自我，以取悦男性为策略来获取社会资源。

正如前述中国社会急切地表现出西方现代性的一面，男性与女性达成一次"共主体"的合作，共同表演完成了"男女平等"的、现代化的新景观。

△ 图 4-28 "溜冰是冬季最合宜的运动，也是社交公开之地"
(《安琪儿·溜冰专刊》1930 年第 14 期）

▶ 图4-29

左：北平燕京大学溜冰场男女青年（《图画周报》1931年第737期）

右：三海化装溜冰会中的"英雄与美人"（《安琪儿》1930年第14期）

"Lady first"的声音，充满食堂了，一般追随女性的男子，只有以这种口号才能博得女人们的青眼！尤其是在那吃的时间里，如果男人将这种声音稍为出口慢些，女人们也要即送他一个白眼。这是何苦呢？还是不说为妙。[1]

这是溜冰会茶歇食堂的一幕，对西式交往礼仪的推崇可见，不仅是化装溜冰会的角色扮演，在冰场的社交中也在"扮演"着西方绅士与淑女。卷入现代化进程的女性也在日常互动中将男性拉入了相应的时空结构中。

下面是一篇《滑冰》短文描述的场景，在这些滑冰密斯（Miss）们的关注中，男君们始终伴随左右：

……忽然正中间发现几个女郎，手挽手的一面谈一面慢慢地滑着，粉颈上围着条红黄蓝的围巾，其形好似五色旗，不问可知"她"们所谈的一定是"你"的"他"怎么没有来。呀！谁呀！该死！你再说——于是哈哈哈大笑起来。呀！怎么"宋"君，"张"君他们为何愣着不爱滑了呢？看呆了吗？

---

[1] 《北宁滑冰会印象记》，《体育周报》1932年第1期。

▲ 图 4-30
津沽冰场上两对佳偶(《北晨画刊》1935 年第 3 卷第 12 期)

没有密斯陪伴吗？哈！哈！看来以后到了公元三一八八年的时候，没有相当的密斯陪伴着，连饭都许吃不下去了吧？"也许"。[1]

可见，在看似"解放""平等"的男女社交空间里，男性的眼光和伴侣关系始终在溜冰女性的自我中占据重要位置，与独立、自主的现代女性"貌合神离"。由以上例子可见，无论是女性取悦男性，还是男性博女性青眼，两性在互动中"共主体"建构起西化的平等、自由之表象。女性在与男性互动中的自我仍与传统女性无异，仍体现了自我的"他性"，只是在西化赋权下得到形式上的"平等"。因此，

---

[1] 无名:《滑冰》，《三六九画报》1936 年第 1 卷第 14 期。

△ 图4-31 萧淑芳的油画作品"北海溜冰"系列（吴宁 供图）

上左：1935年绘，中央美术学院美术馆藏

上右：1954年绘，中间穿白色溜冰鞋者是萧淑芳自己

下：1954年绘，画的是萧淑芳与妹妹年轻时的样子

近代女性的"现代性"实际是中国社会迫切追求西方现代性的秩序实践，而不是自由实践。

有趣的是，萧淑芳的冰雪写生透露出一种中西合璧的主体逻辑。她曾在回忆自己第一次画北海白塔时写道："用国画传统山水的笔法，搀以西洋画的空间感来对景写生。……就这样，我尝试了第一张用宣纸和笔墨的对景写生画。"[1] 用传统的"笔法""宣纸和笔墨"完成"西洋画的空间感"的对景写生画，萧淑芳的绘画实践逻辑似乎也暗合了近代女性"现代性"的主体逻辑：西方服饰与溜冰鞋表征的"西方女性"，跟传统服饰与金莲鞋表征的"传统女性"是同质的，女性塑造自我的"笔法"仍是传统的，始终在男性主导的叙事中塑造着"他性"的自我。这也就可以理解为何北大哲学系教师、留法博士张竞生引入西方现代自由平等观念而提出"女性中心论"时，不仅受到男性抨击，也无法被这一批"新女性"接受。因为这一阶段表征现代化的"妇女解放"仅是中国女性遭遇男性视角下"传统女性"被否定、"现代女性"被推崇的"他性"产物，而非真正现代女性的自我觉醒。

第四节　新女性的"她性"自我

巴特勒（Judith Butler）发展了戈夫曼（Erving Goffman）的戏剧理论提出性别展演（gender performance）的概念，认为性别身份是靠展演实现的，也是可以消解的。[2] 溜冰因为具有现代性的表征意义，为大胆尝试的女性提供了一种动摇传统性别秩序的机会，以"新女性"的形象展演来获取社会资源。有小报称："某女士因化装溜冰，感冒

---

[1] 萧淑芳：《四十年前我画北海白塔》，载《紫禁城》1982年第5期。

[2] Butler, Judith. *Bodies that Matter: On the Discursive Limits of Sex*. New York and London: Routledge, 1993.

△ 图 4-32　上海溜冰广告（均是模仿好莱坞女星宋雅海妮的女性形象，《新闻报》，1938年 5 月 2 日，第 0001 版；1938 年 5 月 15 日，第 0001 版；1940 年 5 月 7 日，第 0014 版）

风寒，向冰场主人暂告病假数日。"[1] 可见有冰场主人为了招徕顾客买票入场，聘请女士来溜冰。如《大众情人》中白若冰小姐则受冰场主人正式邀请而盛装出席，并以溜冰名人的形象结交到场的社会上层人士。

"当一个人面对的世界，不再有他自己的语言与文化带来的那种熟悉的舒适感，而是通过来自外部的一种奇怪地凝视展现开来，这时他将感到一种迷失感。"[2] 这或许描述了告别"传统女性"进入现代化进程的中国女性在新时空中的自我迷失感。一批男性知识分子翻译《茶花女》等西方女性为主角的小说，并大力介绍和宣传西方女性主义学说，如陈独秀翻译了法国人迈克斯·欧勒鲁的《妇人观》、孟明翻译了日本作家谢野晶子的《贞操论》、李达翻译了日本堺利彦的《妇

---

[1] 短波：《冰场无线电》，《安琪儿》1930 年第 14 期。

[2] 胡缨：《翻译的传说：中国新女性的形成（1898—1918）》，龙瑜宬、彭姗姗译，南京：江苏人民出版社，2009 年，第 26 页。

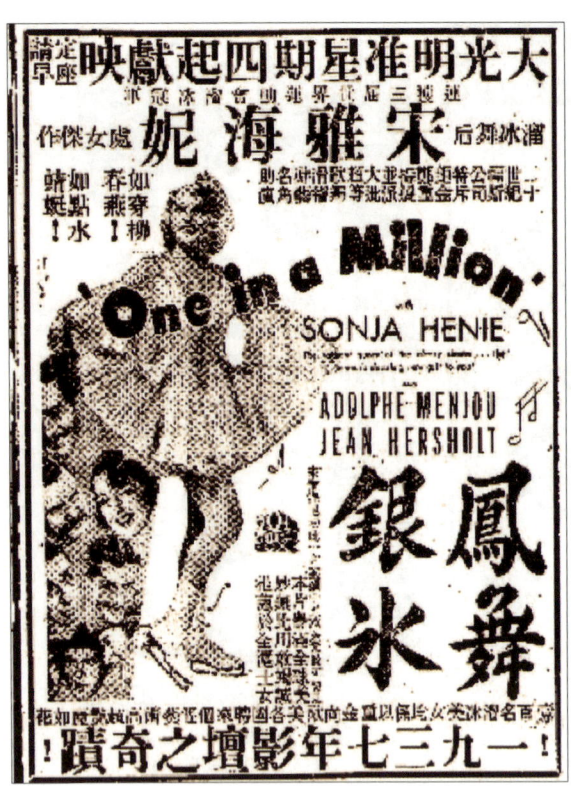 

△ 图 4-33　溜冰皇后宋雅海妮（好莱坞歌舞片《冬之舞》红极一时，溜冰皇后宋雅海妮成为偶像）

左：电影《凤舞银冰》海报（《申报》1937年3月2日，第23版）

右：宋雅海妮的电影剧照（《伦敦新闻画报》1989年12月4日，http://sports.workercn.cn/32782/201807/23/180723094603580.shtml）

女中心说》等著作[1]。他们都试图以"西方女性"为标准来打造中国的新女性，以女性的变革来变革社会，追求平等、自由、民主等西方现代价值。

面对"西方女性"这个异域"她者"，民国都市女性的自我建构过程经历了什么？人们很难找到清末民初女性自述的声音，但在经历了新文化运动后流行起来的冰雪文化中，我们可以看到女性走出迷失的选择。如前文引述的白若冰小姐，女性之"才"的内容发生了置换，从传统才女的"文才"变成了溜冰、跳舞骑马、游泳、开汽车、划船等"诸般运动技艺"。女性主体性的转变可见，融入西方女性的"她性"的"新女性"形象，从翻译小说、女权学说中想象性建构至此已经成为现实中的存在。

有学者指出近代西方女性的健美形象引入并被女性认同，使女性

---

[1]　赵凤玲：《文化社会学视角下的近代女性社交公开的论争》，《江汉论坛》2013年第11期。

△ 图 4-34　溜冰场上的西方女性

左：1927年北海第二次化妆溜冰大会，图为西方女士穿旗装溜冰（中原 摄影，北京北海第二次化装溜冰大会，《图画时报》1927年第339期）

右：1932年天津北宁路局举办化装溜冰大会，图为女子竞赛第一名俄国女子乌拉第米柔夫（周振勇 摄影，《天津商报画刊》1932年第4卷第21期）

摆脱传统女性美的约束，同时也被舆论塑造的西方健美观束缚[1]。问题是她们如何形成对健美的认同？又为何接受西方健美观的"束缚"？

> 在溜冰场上，看见一位女士，战战兢兢地在冰上站着，约莫有三四分钟，她便易鞋而去，一面走，一面说："我的命已经吓掉了半条。"在第二天，当我走过溜冰场的时候，那剩有半条命的女士，又在那儿战战兢兢的努力了！[2]

若是束缚，或许不足以让这位女士"吓掉半条命"仍锲而不舍。让女性坚持溜冰的内在动力是什么？化装溜冰会和冰上名媛是两个媒介，帮助我们看到女性主体转变的逻辑。

---

[1] 游鉴明：《近代中国女子健美的论述（1920—1940年代）》，载游鉴明编《无声之声（Ⅱ）近代中国妇女与社会（1600—1950）》，台北："中央"研究院近代史研究所，2003年，第141–172页。

[2] 《清华周刊》中"是我闲话"栏目的短文，1930年第34卷第7期。

▲图 4-35
北海化装溜冰会，化装成中国传统妇女者，皆丑化其形象（《图画时报》1931 年第 736 期；李尧生 摄影，《文华》1931 年第 18 期）

化装溜冰会是展示"万国"文化的冬季盛会，开风气之先的是北海万国化装溜冰会。化装溜冰会以"万国"为噱头，吸引更多元的人群前来，"中外男女各半"，"有西妇九人饰马牛羊兔之属，观者无不捧腹"[1]，"德人罗司女士，挽发穿旗服，作一满洲少妇，长身玉立，极受观众注目"[2]。西方女性不再停留在小说中的想象，而在现实的溜冰场上有了面对面的机会。

---

1 《北海化装溜冰大会记（附照片）》，《晨报星期画报》1926 年第 1 卷第 22 期。
2 履冰：《记北京之溜冰大会》，《新闻报》1927 年 2 月 9 日，第 0015 版。

△ 图 4-36　中南海化装溜冰会（李尧生 摄影，《北洋画报》1932 年第 15 卷第 734 期）

左：得奖之萧美珍女士

中：为化装算命先生得第二奖之常太太

右：得奖之几位小姐

△ 图 4-37　北海公园化装溜冰会中参加化装溜冰的女童（《图画时报》1931 年第 732 期）

参与化装溜冰的中国"新女性"成为报纸杂志的宠儿，留下了诸多穿着"奇装异服"的化装照片。通过所搜集到的照片可以看到，西式角色的打扮占据女性化装角色的一半以上，如戴假发的"大法官"携手长蓬裙的"洋妞"[1]、穿蓬裙的"挤牛乳女"[2]、披着长袍手捧圣经的"修女"[3]、穿蛋糕裙戴花边帽的"墨西哥女子"[4]、着"泰西古装"的贵族[5]，等等。这些形象均表现出西方女性角色积极正面的形象，或气质优雅或雍容华丽。而与之形成鲜明对比的则是化装成中国老妈子、村姑、旧式中年妇女的形象，大多以滑稽戏谑的形象出现。可见，自清末以来传入的西方女性形象编码着人们对"新女性"的理解，而趋同于西方女性的"新女性"形象为溜冰女性装扮自己提供了丰富的文化资源。化装溜冰会提供了一个中西文化交融的新场域，让身处其中的女性具身地体验着西方女性的性别气质与一套西方现代的价值观念。

以男女青年为主要读者群的杂志《安琪儿》刊登了一幅名叫《浪漫女》的漫画夸张地描绘了女性对西式形象的狂热追求：早上，浪漫女给男友打电话说："吾爱，今天化装滑冰大会，我们去吧？"男士说："吾爱！我正想去找您，等我洗完脸找您去。"挂完电话，男士埋头洗脸，而另一边的浪漫女则半个身子扎进了"巴黎雪花膏"罐子里，只剩下一双穿着高跟鞋的腿露在外头。结果等浪漫女穿好西式皮大衣赶往溜冰场时说着："今天恐怕太晚了，只是我修饰太占时间啊。"果然到溜冰场只剩下两个空扶手和满天星星了。[6] "浪漫"本身即是西化的词汇，为了打扮而错过溜冰会，"浪漫女"所追求的到底是溜冰的浪漫，还是西式化妆打扮带来自我呈现的浪漫？尽管漫画夸张地放大了"浪漫女"的"巴黎雪花膏"、高跟鞋与西式皮大衣，

---

[1] 赵俊毅：《民国时期的冰上摄影》，http://zhaojunyi.blog.siyuefeng.com/article/11856。

[2] 蒋汉澄摄：《北平北海公园化装溜冰大会中人物》，《图画时报》1929年第537期。

[3] 参见《北洋画报》1937年第31卷第1520期。

[4] 语村摄影，《北洋画报》1935年第25卷第1207期。

[5] 参见《图画时报》1931年第732期。

[6] 漫画《浪漫女》，《安琪儿·溜冰专刊》1930年第14期。

△ 图 4-38 漫画：浪漫女（《安琪儿·溜冰专刊》1930 年第 14 期）

但我们在溜冰场上所见的确实皆是从头到脚皆西化的"新女性"形象——"冰场上之最时髦者,为女人之红帽短裙,与男人之花绒衫灯笼裤。其最恶形者,为老棉袄棉裤。"[1]可见,在"新女性"的自我呈现中已经注入了西方女性的"她性",因而热衷于模仿西方女性来呈现自我。

率先西化的知识女性也成为"西方女性"形象走入女性自我观念的重要媒介。冰雪文化中最为著名的是萧淑芳,她的溜冰形象大量出现在各报纸杂志中。在日常生活中,她经常带着冰鞋和画笔到北海公园写生,衣着时尚,由内到外都是"新女性"形象代言人,带动了一批溜冰爱好者的热情与审美的效仿。[2]她在化装溜冰会上扮演穿西式小短裙的"花神"[3]、头戴花环着白纱短裙的"公主"(获当年北海化装溜冰会第二名)[4],着西式毛衣和长筒裙参加1935年华北运动会冰上表演大会中获冠军[5],而且以华尔兹、外刃等西式溜冰展现优美身姿,成为众多女性向往和模仿的对象。这些活跃于冰场的女学生最常见的形象便是高领毛衣搭配齐膝半身裙、利落的短发[6],认真练习着西式花样滑冰技巧。

有学者指出近代女性服饰大跨度的变革是受到社会变革带来生活方式、审美观念改变的影响[7],也在全球化风潮和消费主义影响下,女性对自身进行"时尚、健康和美"的塑造[8]。但是这些外部因素如何作用于女性并促使她们做出主体选择的呢?西方现代性"神话"在近代女性主体性的建构过程中扮演了重要角色。拉克劳(Ernesto Laclau)

---

[1] 无名:《冰场无线电(二)》,《安琪儿·溜冰专刊》1930年第14期。

[2] 郭磊:《文化名人也爱滑冰》,《北京日报》2017年12月7日。

[3] 蒋汉澄:《妇女界:北平第一女子中学高材生萧淑芳女士溜冰化装摄影》,《良友》1929年第34期。

[4] 《萧氏姐妹淑庄淑芳溜冰时之姿势》,《图画时报》1931年第736期。

[5] 正曦摄影:《萧淑芳女士之溜冰姿式》,《图画周刊》复刊第283期。

[6] 赵俊毅:《民国时期的冰上摄影》,http://zhaojunyi.blog.siyuefeng.com/article/11856。

[7] 郑永福、吕美颐:《论民国时期影响女性服饰演变的诸因素》,《中州学刊》2007年第5期。

[8] 姚霏:《中国女性的身体形塑研究(1870—1950)——以"身体的近代化"为中心》,《甘肃社会科学》2012年第3期。

▶ 图 4-39
萧淑芳（右）、萧淑庄姐妹的花样滑冰
（吴宁 供图）

▶ 图 4-40
在冰上画画的萧淑芳
（吴宁 供图）

曾在讨论主体性时提出"任何主体都是神话的主体","神话"界定了不同主体在结构中的位置,而主体性则是在结构错置和对"神话"的解读中打造。[1]如上述,女性在进入西方中心的现代化时间时,却在现代性叙事中一直被置于西方"她者"位置,面对主体空间的断裂。白露(Tani Barlow)曾在分析20世纪中国社会性别观念的形成时指出,"主体(subject)是由描述内容(narrativity)构成的","女性"一词的出现是五四知识分子接受西方性二元论(sexbinary)的产物,由此"性别成为人格基础","女性"作为一个主体位置(subject position),是超越中国的亲属人伦范畴而具有反传统意义的符号,但也将女性带入西方性二元论的生存处境。[2]在溜冰场这个新场域中,参与者、观看者都被带入现代性"神话"空间中,"西方女性"成为中国女性所认同的"神话的主体",对一个西方性二元论意义的"女性"身份的接受成为此时中国女性建构"自我"的"她性"资源,成为新女性主动追求的"自我"的标杆,从而建构起的新女性的主体性充满了西方女性的"她性"特点。

由女性的现代性主体建构逻辑可见,中国的现代性是在解读西方现代性过程中以西方现代性为标准来定位自我并在结构错置中生成的:因为西方现代性"神话"缝合主体空间的断裂,因此结构错位出现的距离促使"自我"不断追求西方现代性"神话"实现。身处现代化进程中的中国女性主体性在这种主体空间感的断裂和缝合中生成,因而表现出一种自我的"她性":一方面是"西方女性"带来的新女性的榜样和激励;而在另一方面,中国新女性也主动接受了"西方女性"的规训。她们本是在逃脱相对于男性的边缘性,却又误入相对于西方女性的另一种边缘性,并且是一种更加深层的精神边缘。[3]

---

[1] Ernesto Laclau, *New reflections on the revolution of our time*, London:Verso.1990, p.61.

[2] Tani Barlow, "Theorizing Woman: Funu, Guojia, Jiating", *Genders Number* 10, Spring 1991, pp.132–160.

[3] 李小江:《识读"边缘"》,载李小江、朱虹、董秀玉编《主流与边缘》,北京:生活·读书·新知三联书店,1999年。

△ 图 4-41　带着冰球棍的男士与穿着洋气的女士在冰场聊天（李祥 供图）

本章从女性"自我现代性"的主位视角展开分析，论述了女性在现代化进程下由民族主义建构的"它性"自我；在妇女解放下面对男性建构的"他性"自我；以及新女性学习西方女性建构的"她性"自我。三者共同建构了中国女性在现代化中的主体性和在变动社会中定位"自我"的能动性。简言之，对于冰雪文化中的女性而言，一方面她们面对外来文化的影响而开放自我；另一方面女性自我对于所有外在影响，并非一种简单的文化屈从，这些女性自我的它/他/她者们始终是在女性的自我主体中被选择和"习性"（habitus）化的。正如福柯（Michel Foucault）所言："从与自我的关系来看，社会身份与政治身份不是一种存在方式的本来标志，而是外在的、人为的和非基本的符号。"[1] 对于冰雪文化中的女性，她们依旧按照她们自己的文化图式（culture schema）在行为，并在自我的塑造中不断克服着主体性的危机。无论是传统还是现代，男性还是女性，西方还是中国，都是在东西方文化互动的现代化秩序实践中被个体认知而具有意义。这表明了中国近代女性的现代性并非一种简单的西方文化复制，而是在女性自我的多重"它性/他性/她性"对话和文化建构中完成的，由此可以理解以女性现代性为特点的中国近代冰雪文化之一面。

---

[1]［法］米歇尔·福柯：《性经验史》，佘碧平译，上海：上海人民出版社，2000年，第417页。